走っていない時間を見直し
レースで圧倒的な結果を出す

ランの
伸びしろが
見つかる本

中野ジェームズ修一 監修
佐藤基之 著

KANZEN

その伸び悩みは本当にあなたの限界値ですか？

本書を手にとってくださった方の多くは、日頃よりかなり真剣にランニングに取り組まれていることと思います。ということは、練習さえ積んでいればタイムは伸び続け、パフォーマンスがずっと向上し続けるという訳ではないことを、身を以って体感されている方も多いのではないでしょうか？　いつか、どこかのタイミングで、もうこれ以上は向上しないと感じるときは必ずやってきます。私も実際にそうでしたし、どんなトップ選手にもそれは等しく訪れます。ランニングに限ったことではなく、どんなスポーツにおいても同じことが言えるでしょう。

その伸び悩みが果たして本当に自分の限界値なのか？　はたまた、一時的なスランプで、抜け出せばまだ伸びはじめるのか？　残念ながら、それは誰にもわかりません。

ひとつ言えることは、それまで行ってきた準備運動やストレッチ、筋トレ、疲労回復法

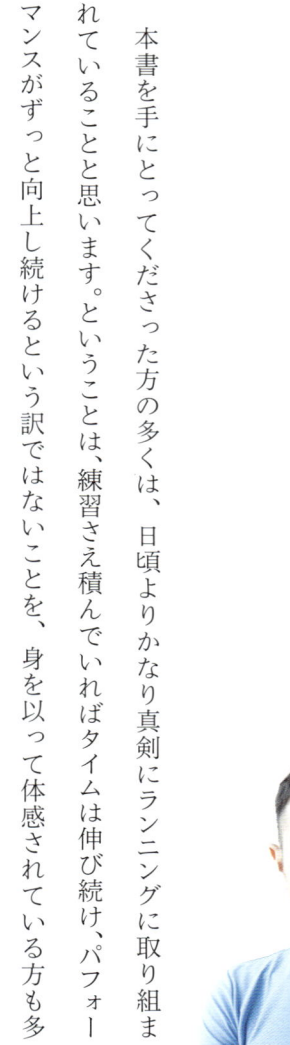

などを専門的な視点から見直してみることで、もしかすると突破口が開けるかもしれないということです。ちょっとした変化で、また上昇気流に乗れるということも決して少なくないのです。〝限界値〟と〝諦め〟は、あらゆる試行錯誤をやり切ったあとでも遅くはありません。それをしなかったら、きっと後悔します。でも、あらゆることを試してみて、やはり伸びなかったならば、諦めがつくかもしれません。

実は、私自身も一時期タイムに伸び悩み、あらゆる試行錯誤をしました。

その結果、私はどうなったのかというと……。

今はタイムを狙うのは諦め、ウルトラマラソンなど距離を伸ばすことにシフトチェンジを果たしました。そうできたのも、「これだけやってみてもタイムが伸びなかった」と、確信できたからだと思っています。

私と違って皆さんには、まだまだタイムを縮めるという伸びしろがあるはずです！

本書を参考に、最後にもう一度自分の可能性を信じてチャレンジしてみてください！

中野ジェームズ修一

ランの伸びしろが見つかる本　もくじ

本書の使い方

各パートのページの見方の解説です。ポイントを抑え、各メニューを効果的に行いましょう。

PART 1 ウォーミングアップ編

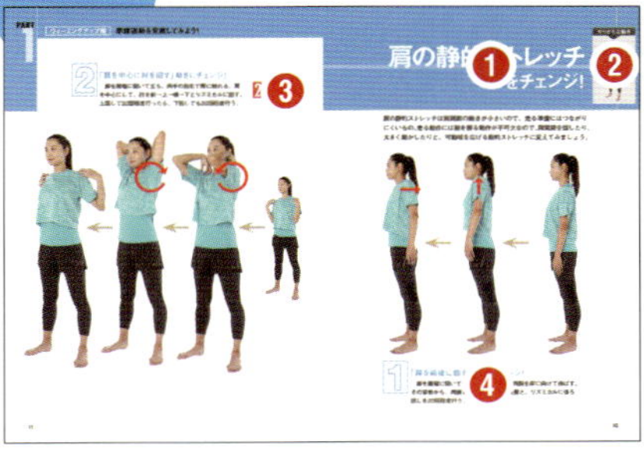

❶ストレッチで伸ばす部位を示しています。

❷多くの方がしてしまいがちな、効果の薄い方法を示しています。

❸各メニューの回数です。

❹より効果的な方法を解説しています。

PART 2 トレーニング編

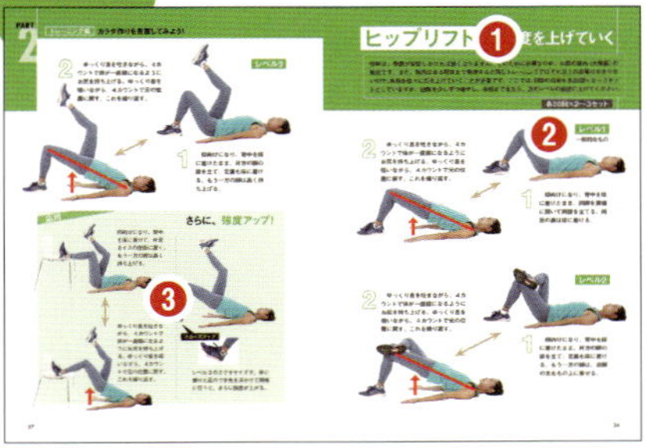

❶メニュー名。より効果的になるように、各メニューとも段階的に強度を上げていきます。

❷各メニューの強度です。数字が上がるほど、強度が増します。

❸応用編です。さらにレベルアップしたい人は取り組みましょう。

PART 3 障害予防編

❶痛みの出やすい箇所、および症状を示しています。

❷ストレッチによって伸ばす部位を示しています。

❸間違った方法をNGとして示しています。効果が出ないので注意してください。

❹体が硬い人などに向けてアレンジメニューを紹介しています。

❺自分で行えるマッサージメニューを紹介しています。

PART 4 疲労回復編

❶疲労回復のためにストレッチで伸ばすべき箇所を示しています。

❷間違った方法をNGとして示しています。

❸より伸ばしたい人に向けて、アレンジメニューを紹介しています。

❹さらに伸ばしたい人に向けて、応用編を紹介しています。

これらの筋肉の伸ばし方、鍛え方を見直すことで、
あなたの伸び悩んでいるタイムが改善されていきます。

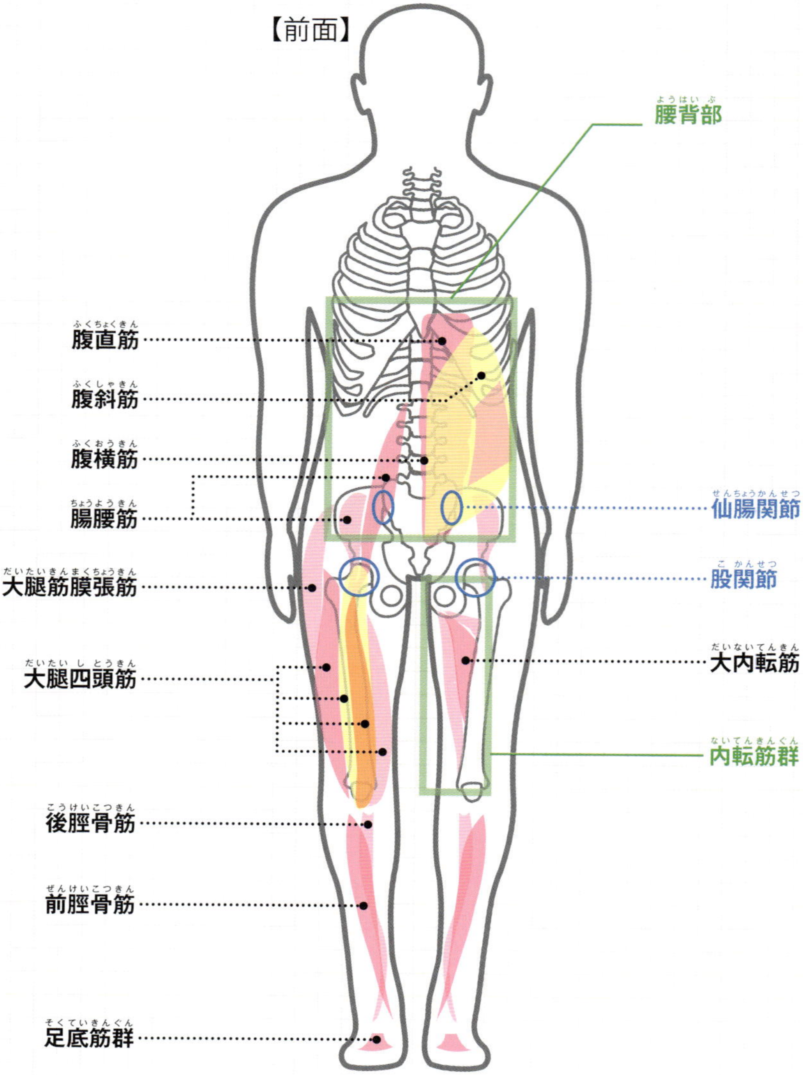

タイムを伸ばすために
強化する体の部位を知ろう!

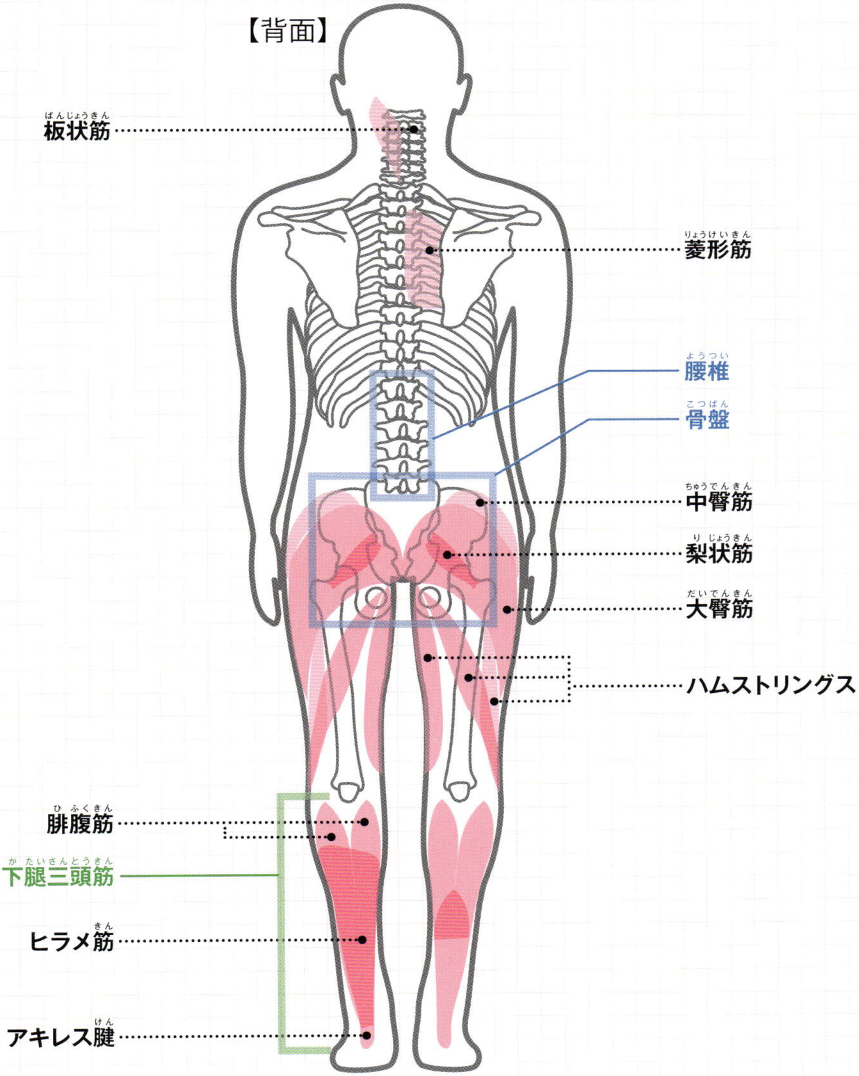

PART 1

ウォーミングアップ編

準備運動を見直してみよう!

“昔からやっている”という理由だけで、なんとなくウォーミングアップに取り組んではいませんか？　ウォーミングアップは、文字通り筋肉の温度を上げたり、走りにつながる関節の可動域を大きくしたりすることが目的です。柔軟性を高めることが目的の静的ストレッチは準備運動には適していませんし、走りにつながらない運動をしてもあまり意味がありません。準備運動を見直すだけで、ケガが減るだけでなく、パフォーマンスアップにもつながる可能性が高まります。

肩の静的ストレッチをチェンジ!

やりがちな動き

肩の静的ストレッチは肩関節の動きが小さいので、走る準備にはつながりにくいもの。走る動作には腕を振る動作が不可欠なので、肩関節を回したり、大きく動かしたりと、可動域を広げる動的ストレッチに変えてみましょう。

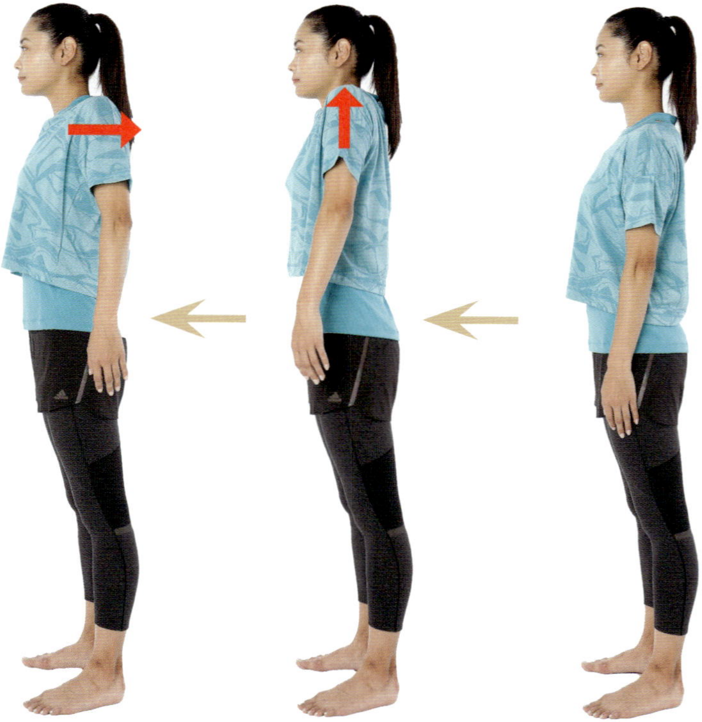

「肩を前後に回す」動きにチェンジ!

脚を肩幅に開いて立ち、背筋を伸ばし両腕を床に向けて伸ばす。その姿勢から、両肩を上→後ろ→元の位置と、リズミカルに後ろ回しを20回程度行う。

20回

「肩を中心に肘を回す」動きにチェンジ!

脚を肩幅に開いて立ち、両手の指先で肩に触れる。肩を中心にして、肘を前→上→横→下とリズミカルに回す。上回しで20回程度行ったら、下回しでも20回程度行う。

20回

上腕（上腕三頭筋）の静的ストレッチをチェンジ！

やりがちな動き

前項と同様に肩関節を回したり、大きく動かしたりと、可動域を大きくする動的ストレッチに変えてみましょう。

「片方ずつ肩を回す」動きにチェンジ！

　脚を肩幅に開いて立ち、両手の指先で肩に触れる。肩を中心にして、片腕ずつ肘を前→上→横→下とリズミカルに回す。上回しで20回程度行う。

20回

「肩を中心に腕を上げ下げする」動きにチェンジ!

脚を肩幅に開いて立ち、肘を直角に曲げ、片方の腕を上に、もう一方を下に向ける。肩を中心にして、左右の腕を交互にリズミカルに上げ下げする。20回程度行う。

20回

上腕(上腕三頭筋)の
静的ストレッチ P14 と

上肢(大胸筋)の静的ストレッチをチェンジ!

やりがちな動き

肩関節を回したり、肩甲骨の周辺を大きく動かしたりと、肩関節の可動域を大きくする動的ストレッチに変えてみましょう。

「両腕を真上に伸ばす」動きにチェンジ!

脚を肩幅に開いて立つ。両腕は脇を締めて肘を伸ばして下げ、体の前で手を合わせる。手を合わせたまま、両手を頭の上まで持ち上げる。頂点で手の平を外側に向け、肘を曲げながら肩甲骨を寄せて、腕を下ろす。リズミカルに20回程度行う。

20回

「左右の腕を交互に上げ下げする」動きにチェンジ!

脚を肩幅に開いて立ち、片方の腕は肘を伸ばし真上に上げる。もう一方の腕は下ろす。目線は正面を向けたまま、上げた方の腕を肩甲骨を寄せるように下ろしていく。左右の腕を交互に20回程度ずつ行う。

20回
左右

上肢(大胸筋)の
静的ストレッチ P16 と

上肢(広背筋)の静的ストレッチをチェンジ!

やりがちな動き

腕と体幹を使った動的ストレッチを行うことで、ランニングの推進力となる腕振りにつながります。

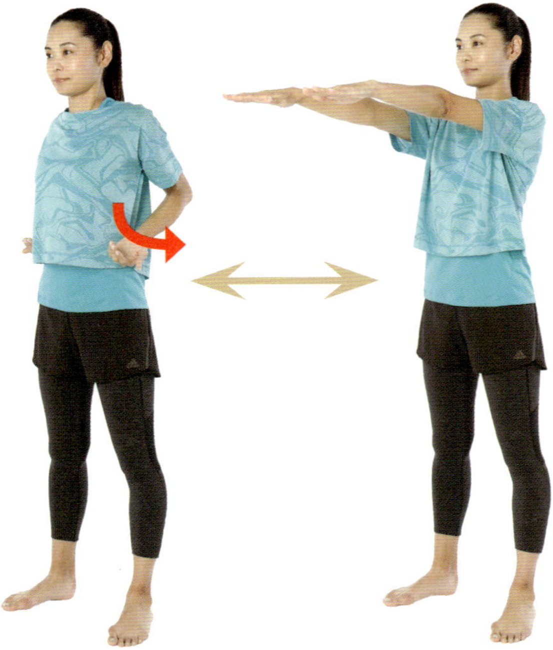

「手の平を返しながら両肘を後ろに引く」動きにチェンジ!

脚を肩幅に開いて立ち、手の平を下に向けて両手を前方に伸ばす。手の平を返しながら、脇を締めて両肘を真っすぐ後ろに引く(※自然に肩が上がるところまで肘を引くが、“肩を上げよう”という意識は持たない)。そのまま力を抜き、元の位置に戻す。リズミカルに20回程度行う。

20回

応用

より大きな動きに

左右の肘を片方ずつ交互に引くと、より大きな動きになる。

「左右の腕を交互に上げ下げする」動きにチェンジ!

脚を肩幅に開いて立ち、片方の腕を真上に伸ばし、手の平を上に向ける。もう一方の腕は下ろし、手の平を下に向ける。左右の腕を交互に上げ下げする。左右20回程度、リズミカルに行う。

20回
左右

脊柱・腰の曲げ伸ばしをチェンジ!

脊柱を構成する椎骨は、それぞれ得意とする動作があります。ランニング時に動きやすいように、それぞれの特徴に合わせた背骨の動的ストレッチに変えましょう。

「体側を伸ばす」動きにチェンジ!

両脚を肩幅よりも広げ大股にし、両膝を曲げて、つま先を外に向けて立つ。このとき、猫背にならないように注意し、腰を少し反らせる。頭の後ろに手を置き、口から息を吐きながら、肘を膝に近づけるイメージで体を横に倒していく。鼻から息を吸いながら元の位置に戻り、反対側に倒していく。骨盤から下はいっさい動かさないのがポイント。これを左右20回程度、リズミカルに行う。

20回
左右

「四つん這いから
片方の手と逆側の脚を伸ばす」動きにチェンジ

四つん這いの姿勢になり、片肘、片膝、おでこを近づけて背中を丸める。曲げていた肘と膝を前後に伸ばしながら、背中を反る。左右を変えて20回程度、リズミカルに行う。

脊柱・腰の曲げ伸ばし(腰回し)をチェンジ!

やりがちな動き

ランニング時に動きやすいように、脊柱の特徴に合わせた動的ストレッチに変えましょう。

「腕と肋骨を左右にひねる」動きにチェンジ!

両脚を肩幅よりも広げて大股にし、両膝を曲げて、つま先を外に向けて立つ。背すじを伸ばし、肘を90°に曲げて胸の前で前腕を重ねる。腕と肋骨とが一体になっているイメージで、重ねた腕の高さを変えずに、左右それぞれの方に向けて交互に、ゆっくりとひねる。骨盤から下はいっさい動かさないのがポイント。これを左右20回程度ゆっくり行う。

20回
左右

「四つん這いから片方の肘を曲げて上体を起こす」動きにチェンジ!

四つん這いになり、腕は肩幅に、膝は腰幅に開く。片方の手を地面につけたまま、もう一方の腕は指で後頭部を触り、肘を曲げる。肘を曲げている側の肩甲骨を寄せながら肘を上げる。４カウントで肘を上げ、また４カウントで肘を下ろす。左右を変えて20回程度ずつ行う。胸郭が広がり、肺が膨らむスペースを確保できる。

NG

上体を起こしたとき、お尻がスライドしないようにする。

股関節を開く内転筋群の静的ストレッチ(開脚・伸展)をチェンジ!

やりがちな動き

股関節を開いて維持させる静的ストレッチではなく、リズミカルな動作を繰り返し行うことで、走る前に股関節を滑らかにしておきましょう。

「振り子のように片脚を振る」動きにチェンジ!

片脚で立ち、浮かせた脚は脱力し、股関節から振り子のように動かす。骨盤が開くように、小さな動きから徐々に大きな動きにしていく。左右の脚を変えて20回程度、リズミカルに行う。

20回
左右

「直立し、片方の脚を逆側の膝の上まで上げる」動きにチェンジ!

20回
左右

左右の脚を交差させて立ち、前側の足の外側を床に着ける。背すじを伸ばしたまま、前側の脚の膝を曲げ、足部を逆側の脚の膝の上まで上げる。左右の脚を変えて20回程度、リズミカルに行う。

下肢(膝・股関節)屈伸をチェンジ!

やりがちな動き

膝関節の屈伸や、股関節を開いて維持させたりだけではなく、リズミカルな動作を繰り返し行って、走る前に股関節を滑らかにしておきましょう。

「リズミカルに左右の脚を交互に伸ばす」動きにチェンジ!

両脚を肩幅よりも広げて大股にし、両膝を曲げて、つま先を外に向けて立つ。このとき、腰を少し反らせ、両手を脚の付け根付近に置く。左右の脚を交互に、リズミカルに曲げ伸ばしを繰り返す。同時に、伸ばした脚と同じ側の手は、逆側の足部に触れる。これを左右20回程度、リズミカルに行う。

20回
左右

「大股に開き片方の脚を上げ下げする」動きにチェンジ!

両脚を肩幅よりも広げ大股にし、両膝を曲げて、つま先を外に向けて立ち、片方の脚はつま先を立てる。このとき、腰を少し反らせる。つま先を立てた方の脚を上げて、もう一方の脚は膝を伸ばし、伸ばした脚の方へ重心を移動させる。上げた脚をグッと下ろして、元の姿勢に戻る。これを左右20回程度、リズミカルに繰り返す。

下肢（脚クロス）の静的ストレッチをチェンジ！

やりがちな動き

太ももの裏側の筋肉であるハムストリングスは、脚を振り出すときに伸び、蹴るときに縮みます。したがって、静的ストレッチで伸ばすだけでなく、走る前には縮める動作も取り入れましょう。

「おじぎの姿勢から上体を起こす」動きにチェンジ！

20回 左右

脚を前後に広げ、両膝を軽く曲げて上体を倒し、両腕を下げる。上体を起こし、両腕を上方に伸ばす。このとき、顔も上を向く。左右の脚を変えて20回程度、リズミカルに行う。

20回
左右

「脚を後方で折り曲げ、前方に振り上げる」動きにチェンジ!

直立し、片方の脚の膝を折り曲げて、後方に引く。折り曲げた方の脚を前方に振り上げる。左右の脚を変えて20回程度、リズミカルに行う。

下腿（アキレス腱）と脚の付け根の静的ストレッチをチェンジ!

やりがちな動き

股関節・脚の付け根、アキレス腱は伸ばすよりも、それらを繰り返し動かすことで、ランニング時により動かしやすくなります。

「股関節を広げるように脚を振る」動きにチェンジ!

直立し、片方の脚を軸にして、もう一方の脚を股関節を広げるようなイメージで前後に振る。左右の脚を変えて20回程度、リズミカルに行う。

「膝を前方に上げる」動きにチェンジ!

脚を前後に広げ、下げた脚と同じ側の腕を前に出し、上体を少し前傾させる。後ろに下げた足のつま先で地面を軽く蹴り、膝を前に出し、地面と平行になるか、それ以上の高さまで持ち上げる。左右を変えて20回程度、リズミカルに行う。

※トレーニングでも同様の動作があるが、ウォーミングアップの動的ストレッチとして行う場合、大きい負荷をかけることは目的ではないので、イスの背もたれなどを持って体を支えて行ってもよい。

20回
左右

NG

膝が内側を向いていたり、つま先が外側を向いていたりすると、膝を痛める原因になる。膝とつま先は正面に向ける。

股関節をしっかり広げること。筋力が弱く、上体を支えられない場合、イスの背もたれなどを補助にして行ってもよい。

手首&足首回しをチェンジ!

やりがちな動き

走る前に手首と足首を回す人は多いですが、足の骨の構造上、足首を回すと不安定な状況になる恐れもあります。股関節を回す動作に変えましょう。

20回
左右

「つま先を軸に股関節を回す」動きにチェンジ!

直立し、片方の脚の膝を曲げ、つま先を立てる。そのつま先を軸にして、股関節を内側に回して膝を内側に向ける。股関節を外側に回して、元の位置に戻す。左右の脚を変えて20回程度、リズミカルに行う（かかとを軸にして、同様の動作を行ってもよい）。

「ハードルを越える」ような動きにチェンジ!

直立した状態から片脚を一歩分後ろに下げる。膝を外側に向けて横に脚を持ち上げる。太ももと地面が平行になるくらいの高さまで脚を持ち上げたら、膝が前を向くように動かす。低いハードルを越えるようなイメージで行う。これを左右20回程度、リズミカルに行う。

20回
左右

簡単アレンジ

バランスがとりにくい場合、イスの背もたれを持ったり、壁などに手をついたりして、体を支えて行ってもかまわない。

首回し をチェンジ!

走る前に限らず、首を回す人がいますが、いきなり首を後ろに向けて回すと頸椎を痛めるリスクがあります。最初は頸椎は回さず、左右・上下方向から動かしましょう。

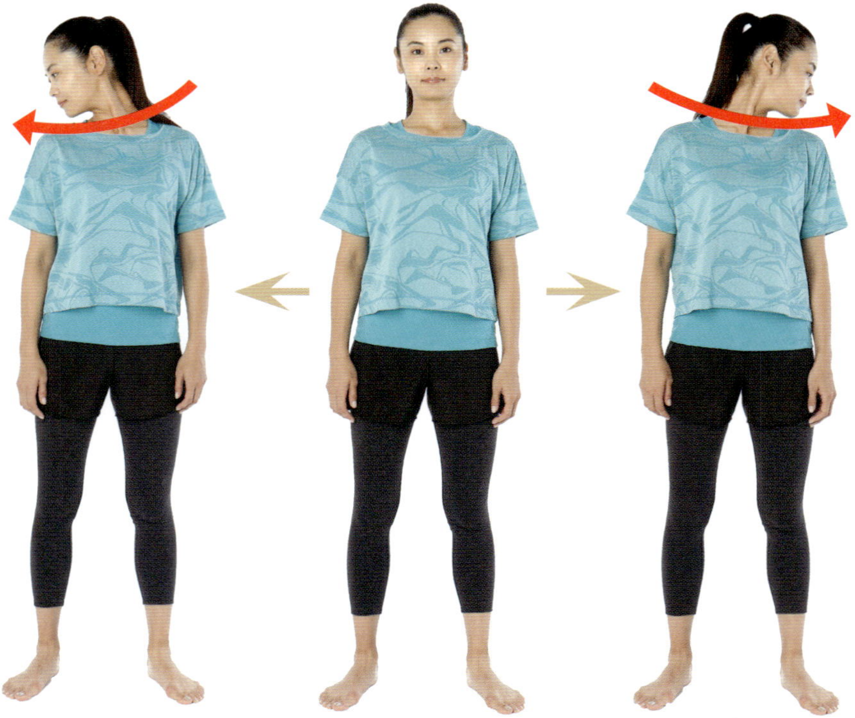

「頭を真横に向ける」動きにチェンジ!

20回
左右

肩幅に脚を開いて立ち、正面を向いた姿勢から、頭を真横に向ける。左右交互に20回程度、リズミカルに行う。

「頭を前に傾けてから頭を後ろに倒す」動きにチェンジ!

肩幅に脚を開いて立ち、両手を後頭部付近に置く。肘を閉じて、頭を前に傾ける。今度は両肘を開いて、肩甲骨を寄せながら、上を見るように頭を後ろに倒す。これを20回程度、リズミカルに繰り返す。

20回

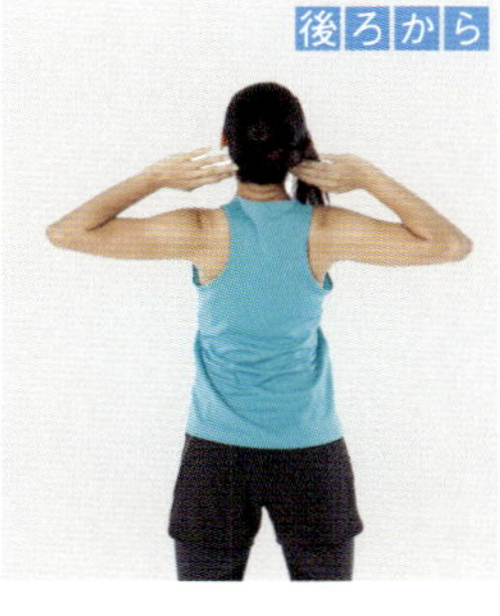

PART 2

トレーニング編

カラダ作りを見直してみよう！

昔ながらの腹筋や腕立て伏せなどの筋トレ、昨今ブームとなった体幹トレーニングを取り入れているランナーは多いでしょう。ですが、競技によって鍛えるべき部位も、取り組む優先順位も異なります。ランのパフォーマンスアップが目的なら、果たして、それらがランニングに役立っているか見直しましょう。ランで必要な体幹は、腹部をコルセットのように包む腹横筋、背中側にある多裂筋、横隔膜、骨盤底筋群で構成されている、インナーユニットです。走るという動作に適したトレーニングに取り組んでみてください。

ヒップリフトの強度を上げていく

体幹は、骨盤が安定しなければ強くなりません。そのために必要なのが、お尻の筋肉（大臀筋）の強化です。また、筋肉はある程度まで発達すると同じトレーニングではそれ以上の効果はあまりないので、負荷を徐々に引き上げていくことが必要です。ここでは、回数の目安を各20回×２〜３セットとしていますが、回数を少しずつ増やし、余裕ができたら、次のレベルの強度に上げてください。

各20回×2〜3セット

レベル1

一般的なもの

1 仰向けになり、背中を床に着けたまま、両脚を肩幅に開いて両膝を立てる。両足の裏は床に着ける。

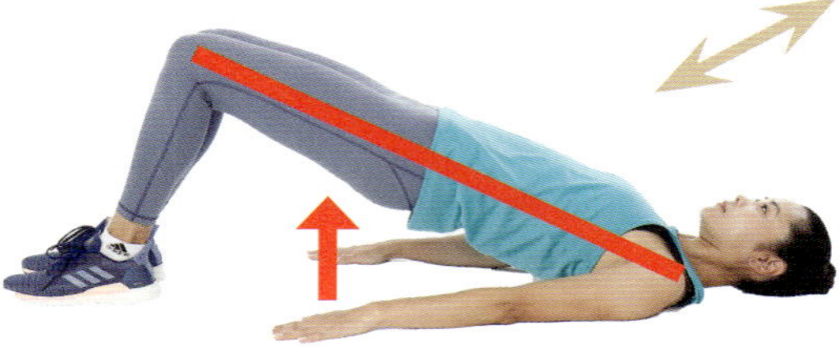

2 ゆっくり息を吐きながら、４カウントで体が一直線になるようにお尻を持ち上げる。ゆっくり息を吸いながら、４カウントで元の位置に戻す。これを繰り返す。

レベル2

1 仰向けになり、背中を床に着けたまま、片方の脚の膝を立て、足裏も床に着ける。もう一方の脚は、逆脚の太ももの上に乗せる。

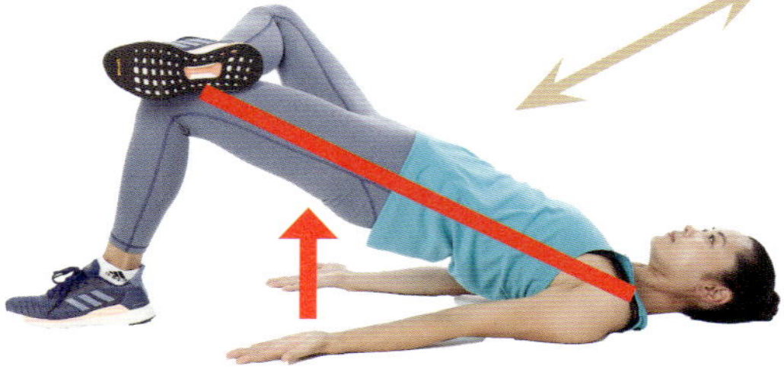

2 ゆっくり息を吐きながら、４カウントで体が一直線になるようにお尻を持ち上げる。ゆっくり息を吸いながら、４カウントで元の位置に戻す。これを繰り返す。

レベル3

1　仰向けになり、背中を床に着けたまま、片方の脚の膝を立て、足裏も床に着ける。もう一方の脚は高く持ち上げる。

2　ゆっくり息を吐きながら、４カウントで体が一直線になるようにお尻を持ち上げる。ゆっくり息を吸いながら、４カウントで元の位置に戻す。これを繰り返す。

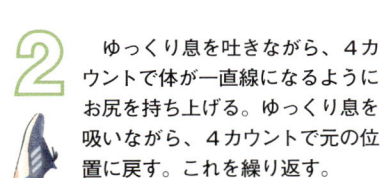

応用

さらに、強度アップ!

仰向けになり、背中を床に着けて、片足をイスの座面に置く。もう一方の脚は高く持ち上げる。

ゆっくり息を吐きながら、４カウントで体が一直線になるようにお尻を持ち上げる。ゆっくり息を吸いながら、４カウントで元の位置に戻す。これを繰り返す。

クローズアップ

レベル３のエクササイズで、床に着けた足のつま先を浮かせて同様に行うと、さらに強度が上がる。

スクワットをアレンジ

下肢全体を鍛えるためにはスクワットは良い運動ですが、ランニングにつながるトレーニングとしてはアレンジするのがお勧め。両脚で行うスクワットよりも、片脚のスクワットで強化しましょう。また、余裕を持ってできるようになったら、次のレベルの強度に上げてください（もしくは、自分の筋力に応じたレベルのものを取り組んでください）。

一般的なスクワット

easyスクワット

20回

左右
2〜3セット

1　イスの座面にお尻を半分乗せて座る。片方の脚を後ろに引いてかかとを上げ、前の脚は足裏を床に着ける。前足全体に体重を乗せて、上体をやや前傾させる。

2　前足に体重を乗せたまま、４カウントで膝を伸ばしながら腰を上げる。後ろの脚と背中がなるべく一直線になるように意識する。４カウントで、膝を曲げて元の位置に戻す。これを繰り返す。左右の脚を変えて同様に行う。

［スクワット］レベル1

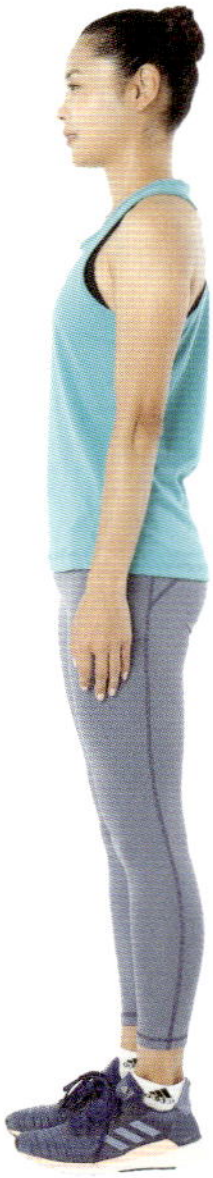

1 両脚を肩幅に開いて立つ。両腕は体側で下げる。

2 片脚を一歩前に出す。

3 前の脚の膝を90°に曲げ、後ろ脚の膝は床に着くぐらいまで下げる。このとき、前脚の膝がつま先よりも前に出ないように気を付ける。

また、上体が前傾しすぎないようにする。左右の脚を交互に変えて、同様に行う。

20回
左右
2～3セット

［スクワット］レベル2

1

脚を前後に開き、前の脚は膝を立てて足裏を床に着ける。後ろの脚は、膝を床に着けて、かかとを上げる。両手は前の脚の膝の上に置き、前足全体に体重を乗せて、上体を前傾させる。

2

前足に体重を乗せたまま、4カウントで後ろの脚の膝を伸ばしながら腰を上げる。後ろの脚と背中がなるべく一直線になるように意識する。4カウントで、膝を曲げて元の位置に戻す。これを繰り返す。左右の脚を変えて同様に行う。

20回
左右
2〜3セット

応用

さらに、強度アップ！

レベル1のスクワットで、両手を床に着けた状態から、2で体と一直線になるように両腕を上げると、さらに強度が上がる。

[スクワット] レベル3

1

イスの横に立ち、片方の手で背もたれを持つ。脚を前後に大きく開き、体を前傾させる。前の脚は膝を曲げてつま先に体重を乗せ、後ろの脚は体となるべく一直線になるように意識して伸ばし、足を浮かせる。背もたれを持っていない方の手は真下に伸ばす。

2

前足に体重を乗せたまま、4カウントで体を起こして直立し、後ろの脚の膝を前に引き上げ、太ももが床と平行になるくらいの高さまで膝を上げる。4カウントで元の位置に戻す。これを繰り返す。左右の脚を変えて同様に行う。

20回
左右
2〜3セット

［スクワット］レベル4

1 脚を前後に開き、前の脚は膝を立てて足裏を床に着ける。後ろの脚は、膝を床に着けて、かかとを上げる。両腕を伸ばし両手を床に着ける。前足全体に体重を乗せて、上体を前傾させる。

2 前足に体重を乗せたまま、４カウントで後ろ側の脚の膝を伸ばしながら腰を上げ、床から足を浮かせる。両腕を上体の延長線上に伸ばす。後ろの脚と背中がなるべく一直線になるように意識する。４カウントで元の位置に戻す。これを繰り返す。左右の脚を変えて同様に行う。

20回
左右
2～3セット

［スクワット］レベル5

1　脚を前後に大きく開き、前の脚は膝を曲げて、足裏を階段やステップ台の上に置き、足全体に体重を乗せる。後ろの足はつま先を床に着ける。

2　前足に体重を乗せたまま、４カウントで体を起こして直立し、後ろの脚の膝を前まで引き上げ、太ももが床と平行になるくらいの高さまで膝を上げる。４カウントで元の位置に戻す。これを繰り返す。左右の脚を変えて同様に行う。

20回
左右
2〜3セット

［スクワット］レベル6

20回

左右
2〜3セット

1　脚を前後に大きく開き、後ろ足を椅子の座面に乗せる。上体を起こし、両手を下げておく。前足全体に体重を乗せる。

2　前足に体重を乗せ、後ろ足をイスの座面に乗せたまま、４カウントで後ろ脚の膝を床に近い位置まで下げる。このとき、両手も一緒に真上に上げていく。４カウントで元の位置に戻す。これを繰り返す。左右の脚を変えて同様に行う。

[スクワット] レベル7（スプリット）

20回
左右2～3セット

両脚を前後に大股に開いて立ち、両腕は体側で下げる。前足に体重を乗せて、しっかり沈み込む。前の脚の太ももが床と平行になるくらいに膝を曲げ、後ろ脚の膝は床に着くぐらいまで下げる。

その場でジャンプし、同時に左右の脚を入れ替える。着地時は、しっかりと膝を曲げて衝撃を吸収する。また、脚が入れ替わった際に、できるだけ沈み込むことで大腿部の裏（ハムストリングス）やお尻（大臀筋）に大きい負荷をかけることができる。

膝がつま先よりも前に出ないように気を付けながら、左右交互にリズミカルに20回程度行う。

ドローインをチェンジ！

ドローインはよく知られた体幹トレーニングですが、アウターユニット優位のトレーニングをしている人をよく見かけます。しかし、ランニングではインナーユニット（腹横筋、多裂筋、横隔膜、骨盤底筋群）が重要です。これらを安定させると、効率の良いランニング動作が身に付きます。インナーユニットを使ったトレーニングに取り組み、走りにつながるものへと段階的に移行していきましょう。

一般的なドローイン&ドローインアブドミナル

[ドローイン] レベル1 膝立て

20回
2〜3セット

仰向けになり、両手を真横に広げ、両膝を立てる。鼻から息を吸ってお腹を膨らませながら、腰を意識的に大きく反らせる。口から息を吐きながら、4カウントで腹横筋（腹部をコルセットのように包んでいる筋肉）を使って、腰がナチュラルカーブになるところ（腰の下に手が入る程度）まで押し下げる。

同時に、肛門を軽く締めるようにして骨盤底筋群を連動させる。また、腹直筋に力が入らないように意識すること。動作を習得できるまで繰り返し行う。

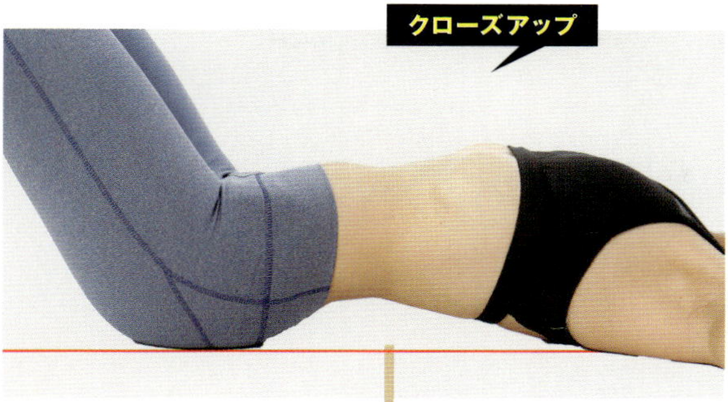

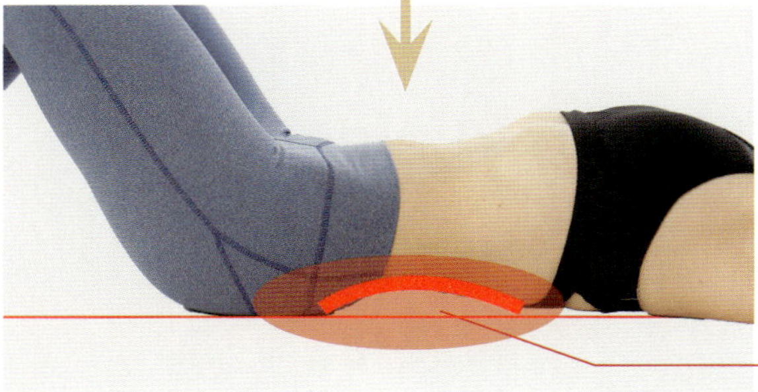

ナチュラルカーブとは……

脊柱はS字に湾曲しており、腰椎は前に湾曲していることで、地面からの衝撃を吸収している。この本来のあるべき骨格の湾曲を“ナチュラルカーブ”と言う。体幹トレーニングでは、ナチュラルカーブを意識することが大事。

NG

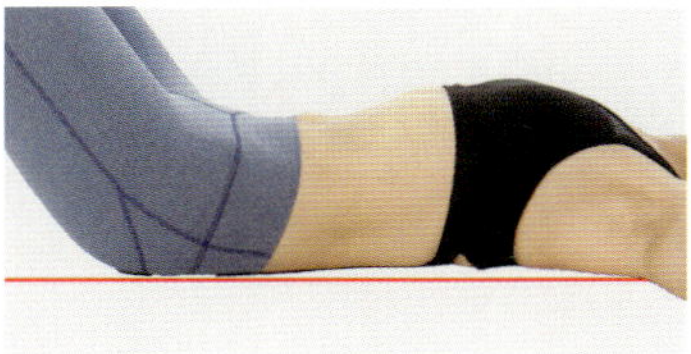

腰が完全に床に着くのは、ナチュラルカーブではないので、正しいエクササイズにはならない。腰の下に手が入るくらいを目安にする。

[ドローイン] レベル2 膝立て・両腕伸ばし

20回
2～3セット

レベル１ができるようになったら、次のステップへ。仰向けになり、両膝を立て、バンザイをするように両手を上げる。鼻から息を吸ってお腹を膨らませながら、腰を意識的に大きく反らせる。

口から息を吐きながら、４カウントで腹横筋を使って、腰がナチュラルカーブになるところ（腰の下に手が入る程度）まで押し下げる。同時に、肛門を軽く締めるようにして骨盤底筋群を連動させる。また、腹直筋に力が入らないように気を付ける。

[ドローイン] レベル3 両脚伸ばし・両腕伸ばし

20回
2〜3セット

仰向けになり、両脚を伸ばし、バンザイをするように両手を上げた状態で行う。鼻から息を吸ってお腹を膨らませながら、腰を意識的に大きく反らせる。口から息を吐きながら、4カウントで腹横筋を使って、腰がナチュラルカーブになるところ(腰の下に手が入る程度)まで押し下げる。

肛門を軽く締めるようにして骨盤底筋群を連動させる。腹直筋だけでなく、大臀筋、大腿四頭筋、肩、首周りにも力が入らないように気を付ける(これらのポイントは、全レベルのドローインに共通)。

[ドローイン] レベル4 脚スイッチ

20回

左右
2~3セット

仰向けになり、両膝を立てる。ドローインをしてナチュラルカーブを作ったら、それをキープしたまま、片方の脚を引き上げる。４カウントで､左右の脚を入れ替える。下半身を動かすことで、骨盤底筋群の連動が難しくなり、トレーニングの強度も上がる。

[ドローイン] レベル5 両腕伸ばし・脚スイッチ

20回
左右
2〜3セット

仰向けになり、両膝を立て、バンザイをするように両手を上げる。ドローインをしてナチュラルカーブを作ったら、それをキープしたまま、片方の脚を引き上げる。４カウントで左右の脚を入れ替える。下半身を動かすことで骨盤底筋群の連動が難しくなり、トレーニングの強度も上がる。

プランクをチェンジ!

プランクもまた、体幹トレーニングの代名詞的なエクササイズです。しかし、これもアウターユニット優位のものなので、インナーユニットを使う、長距離を走るのに適したエクササイズに変更しましょう。また、走りに生かせるものへと段階的に移行していきましょう。

[ドローイン] レベル1 四つん這い

20回
2~3セット

両手と両膝を床に着いて四つん這いになる。鼻から息を吸ってお腹を膨らませながら、腰を意識的に大きく反らせる。口から息を吐きながら、4カウントで腹横筋を使ってナチュラルカーブを作る。同時に、肛門を軽く締めるようにして骨盤底筋群を連動させる。動作を習得できるまで繰り返し行う。

ストレッチポールはなくてもかまわないが、ポールや棒を背中に乗せて行うと基準となるので、ナチュラルカーブを意識しやすい。

[ドローイン] レベル2　片腕伸ばし(3点支持)

20回
2〜3セット

両手と両膝を床に着いて四つん這いになる。鼻から息を吸ってお腹を膨らませながら、腰を意識的に大きく反らせる。口から息を吐きながら、４カウントで腹横筋を使ってナチュラルカーブを作る。同時に、肛門を軽く締めるようにして骨盤底筋群を連動させる。

ナチュラルカーブをキープして、４カウントで片方の腕を伸ばす。４カウントで元の位置に戻し、今度は４カウントで反対側の腕を伸ばす。これを繰り返す。

[ドローイン] レベル3 片脚伸ばし(3点支持)

20回
左右
2〜3セット

両手と両膝を床に着いて四つん這いになる。鼻から息を吸ってお腹を膨らませながら、腰を意識的に大きく反らせる。口から息を吐きながら、4カウントで腹横筋を使ってナチュラルカーブを作る。

同時に、肛門を軽く締めるようにして骨盤底筋群を連動させる。ナチュラルカーブをキープして、4カウントで片方の脚を伸ばす。4カウントで元の位置に戻し、今度は4カウントで反対側の脚を伸ばす。これを繰り返す。

[ドローイン] レベル4 片脚&片腕伸ばし(ダイアゴナル・2点支持)

20回

左右
2〜3セット

両手と両膝を床に着いて四つん這いになる。鼻から息を吸ってお腹を膨らませながら、腰を意識的に大きく反らせる。口から息を吐きながら、4カウントで腹横筋を使ってナチュラルカーブを作る。

同時に、肛門を軽く締めるようにして骨盤底筋群を連動させる。ナチュラルカーブをキープして、4カウントで片方の腕と逆側の脚を伸ばす。4カウントで元の位置に戻し、今度は4カウントで反対側の腕と脚を伸ばす。これを繰り返す。

[ドローイン] レベル5 L字バランス

20回
2〜3セット

膝立ちになり、両腕を前方に伸ばす。鼻から息を吸ってお腹を膨らませながら、腰を意識的に大きく反らせる。口から息を吐きながら、４カウントで腹横筋を使ってナチュラルカーブを作る。同時に、肛門を軽く締めるようにして骨盤底筋群を連動させる。

ナチュラルカーブをキープし、上体から大腿部にかけて一直線に保ったまま、４カウントで体を後ろに倒す。４カウントで元の位置に戻す。動作を習得できるまで繰り返し行う。

[ドローイン] レベル6 L字バランス・腕振り

30秒
2~3セット

　膝立ちになり、ドローインをしてナチュラルカーブを作ったら、それをキープしたまま、走るときのように1、2のリズムで腕を前後に振る。
　ナチュラルカーブを意識し過ぎて、動きが小さくならないように気を付ける。

心肺持久力系トレーニングを見直す

ランニング以外にも、クロストレーニングとして自転車や水泳などに取り組んでいる人もいるかと思いますが、心肺持久力を上げることが目的であれば、それぞれ長時間の練習が必要です。そこで、“TABATAプロトコル”がお勧めです。これは走る以上の高負荷を短時間でかけられる上に、大筋群を最大可動域で使い、心拍数が上がります。ぜひチャレンジしてみましょう。

①バーピー&ジャンプwithクラップ

20秒＋10秒レスト

真っすぐに立った状態から、腰を曲げて両手を床に着ける。そこから、後ろに跳んで両脚を伸ばし、腕立て伏せの姿勢になる。

再び、両膝、腰を曲げて両手を床に着き、最後にジャンプをして直立姿勢に戻る。これをリズミカルにできるだけすばやく繰り返す。

②レッグカール&ツイスト 20秒+10秒レスト

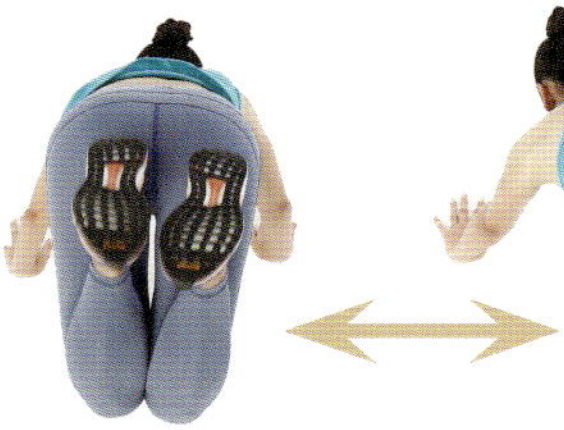

四つん這いの姿勢から、両脚を浮かせる。両手を床に着けたまま、両脚を揃えて横に跳び上がる。リズミカルに左右に行き来をできるだけすばやく繰り返す。

■TABATAプロトコル バリエーション例

① → ② → ③ → ① → ② → ③ → ① → ②

※全部で8セット連続で行います。
※1セットはすべて20秒+10秒レストです。

③クライマー 20秒+10秒レスト

四つん這いの姿勢から、片方の脚の膝を胸の方に寄せて、もう一方の脚は後方に伸ばす。両手を床に着けたまま、リズミカルに左右の脚をできるだけすばやく入れ替える。

レイヤートレーニングで脚作り

低負荷・高回数の筋トレに取り組み、長距離走のための脚作りをしましょう。

10分間で10㎞走ったのと同じくらいの負荷をかけられる

走るための筋肉は、もちろん走り込むことで強化されますが、忙しくて時間がとれない場合や、関節に違和感や痛みがあって走れない場合もあると思います。そこでお勧めしたいのがレイヤートレーニングです。これは、脚作りのための筋トレで、低負荷の筋トレを高回数こなすことで下肢全体を鍛え、筋力だけでなく、筋持久力も向上します。また、着地衝撃が小さいので、ケガのリスクも小さくて済みます。

プログラムは次のページに紹介している通りで、一つひとつは難しくなく、この本で紹介したトレーニングがそのまま使えます。約10分間と短時間ながら、10㎞を走ったのと同じくらいの負荷をかけることができます。違った動きを少しずつ積み上げていくので、飽きることなく、気付くと疲労困憊になっているはずです。

この本では比較的優しいレベルのエクササイズでプログラムを構成しましたが、故障時に取り組む際など、痛みや違和感が出るエクササイズは外してもかまいません。逆に、より強度の高いエクササイズに組み替えるなど、自分でアレンジするのもよいでしょう。

レイヤートレーニングは、ランニングと同じようにリズミカルにこなしましょう。音楽をかけながら(１３０ｂｐｍ前後の音楽が適している。※ｂｐｍとは１分間あたりに刻む拍のこと)取り組むのもよいでしょう。

レイヤートレーニング

■それぞれのエクササイズは20回程度。10回程度から始めて、徐々に回数を増やしていってもかまわない。

■インターバルは足踏みを30秒間。息が落ち着いたら次のエクササイズを行う。

■呼吸は止めずに行う。

2セット目

①フロントランジ（左右交互）→
②ワンレッグ・スクワット（右）→
①フロントランジ（左右交互）→
②ワンレッグ・スクワット（左）

ワンレッグ・スクワット(p42)

フロントランジ(p41)

1セット目

①フロントランジ（左右交互）

フロントランジ(p41)

4セット目

①フロントランジ(左右交互)→
②ワンレッグ・スクワット(右)→③ニーアップ(右)→
④スプリット(左右交互)→
①フロントランジ(左右交互)→
②ワンレッグ・スクワット(左)→③ニーアップ(左)→
④スプリット(左右交互)

3セット目

①フロントランジ(左右交互)→
②ワンレッグ・スクワット(右)→③ニーアップ(右)→
①フロントランジ(左右交互)→
②ワンレッグ・スクワット(左)→③ニーアップ(左)

PART
3

障害予防編

ケガ対策を見直してみよう!

ランニングで起こるケガは、オーバーユース（使い過ぎ）が原因の場合がほとんどです。頻繁に痛みが出る箇所、違和感を覚える箇所があるのなら、そこは自分の弱点。しっかりケアをしましょう。このパートでは、現場でよく見聞きするケガの症例をピックアップし、その対策となるストレッチやセルフマッサージを紹介します。さらに多くの症例の対策を紹介している同著者の書籍『一流ランナーは必ずやっている！　最高のランニングケア』も、併せてご活用ください。

お尻から太ももに沿っての痛み

梨《り》状《じょう》筋《きん》症《しょう》候《こう》群《ぐん》（座骨神経痛）

梨状筋のストレッチ①

1 うつ伏せになって片脚の膝を曲げて、かかとに手を添える。

2 **曲げた方の脚を外側に倒していく**

骨盤が浮き上がらないように気をつけながら、曲げた方の脚を外側に倒していく。

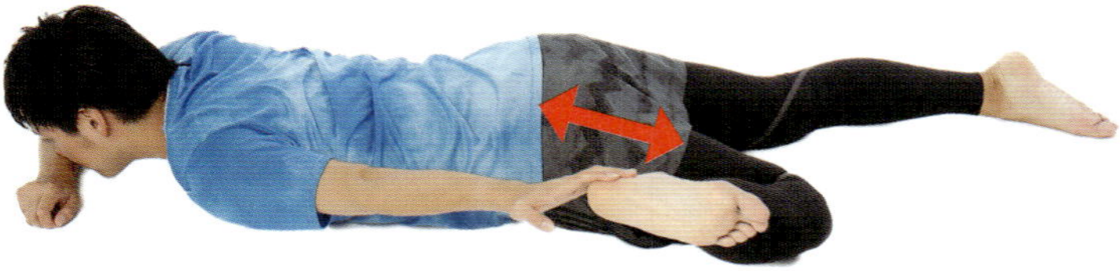

30秒キープ
左右

アレンジ

体が硬い人向け

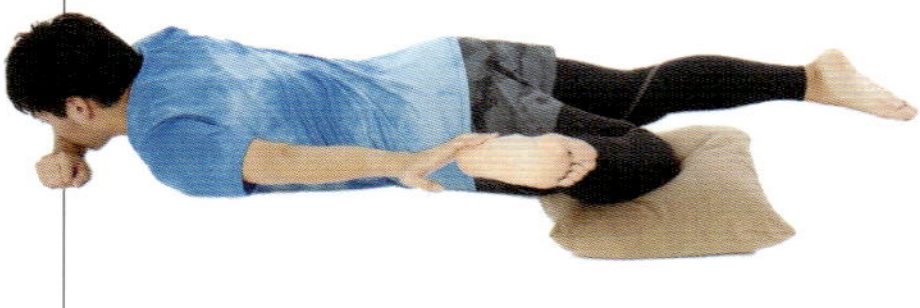

膝の下にクッションをたたんで敷くと、広範囲を伸ばしやすくなる。

アレンジ

体が硬い人向け

かかとに手が届かない人は、タオルを足部にかけて行ってもよい。

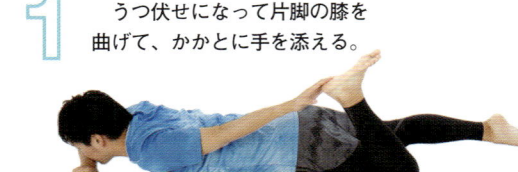

梨状筋のストレッチ②

30秒キープ
左右

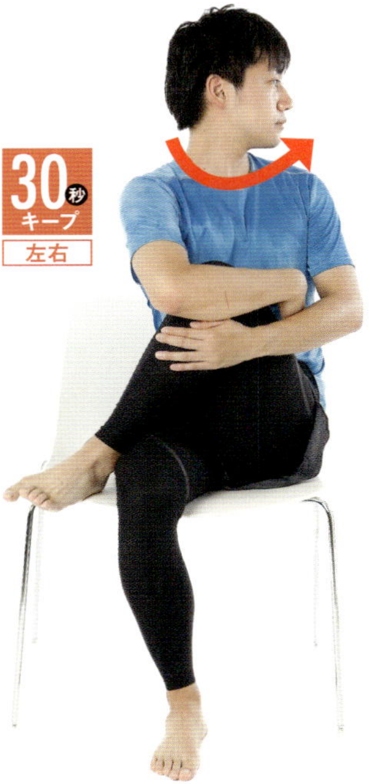

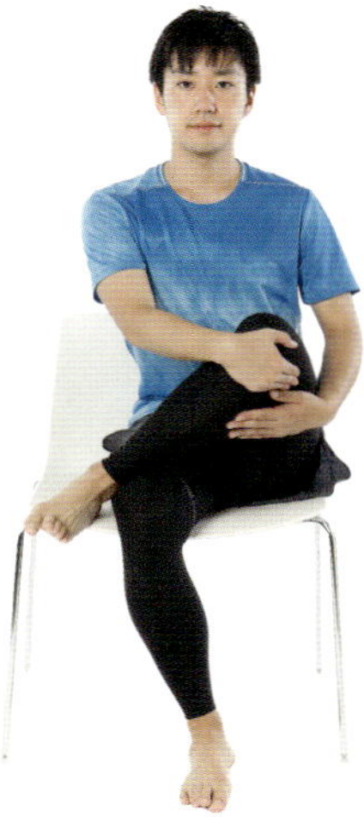

1

イスに深く座る。片方の脚は、膝を立ててもう一方の脚の太ももをまたぎ、イスの座面に足を着く。

2 抱えた脚を引き寄せる

曲げた脚を体の方に引き寄せつつ、息を吐きながら、背筋を伸ばし、上体を曲げた脚の方へと捻る。この姿勢を30秒キープする。もう一方の脚も同様に行う。

アレンジ

仙腸関節のセルフモビライゼーション

ストレッチポールの上に背骨がくるようにして、仰向けになる。両膝は立てる。20回程度、ゆらゆらと左右にスライドさせる。

仙腸関節(骨盤をつくる腸骨と仙骨の間の関節)を緩めてからストレッチを行うと、より伸ばしやすくなる。

腸《ちょう》脛《けい》靱《じん》帯《たい》炎《えん》

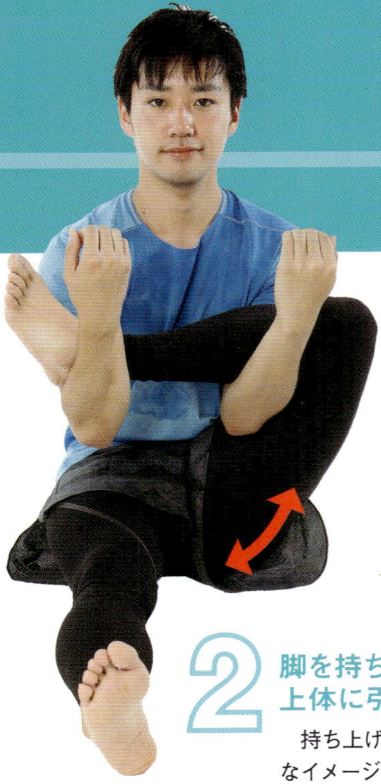

大臀筋のストレッチ

1 背すじを伸ばして座り、片方の脚は伸ばし、もう一方の脚は膝を曲げる。

2 **脚を持ち上げて上体に引き寄せる**

持ち上げた脚を、脛と床が平行になるようなイメージで両腕で抱えて、息を吐きながら上体に引き寄せる。この姿勢を30秒キープする。もう一方の脚も同様に行う。

30秒キープ
左右

アレンジ

体が硬い人向け

クッションをお尻の下に敷いて仰向けに。両脚ともに膝を曲げ、片方の太ももにもう一方の足首をおく。下の太ももを両手で持ち、上体に引き寄せて30秒キープする。

NG

骨盤を後傾させて背中を丸めてしまうと、正しく伸ばせない。背すじを伸ばし、骨盤を立てて座ることがポイント。

大腿筋膜張筋のストレッチ

1

仰向けになり、片方の足にタオルをかけて、そのまま脚を上方に向けて伸ばす。伸ばした方の脚とは逆の手でタオルを持つ。

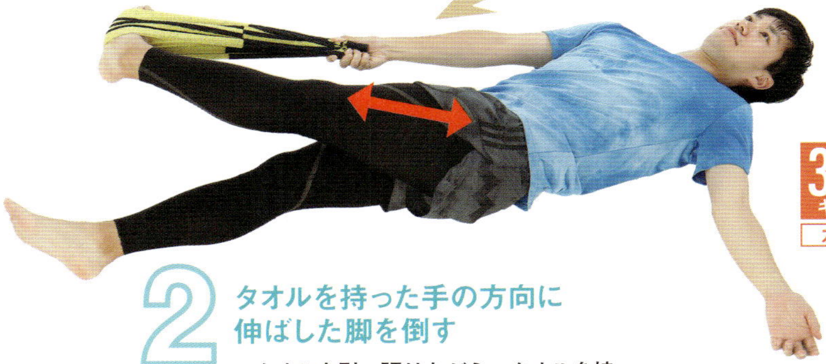

30秒キープ
左右

2 タオルを持った手の方向に伸ばした脚を倒す

タオルを引っ張りながら、タオルを持った手の方向に、伸ばした脚を倒していく。この姿勢を30秒キープする。もう一方の脚も同様に行う。

※両脚を開いた角度が30°以下になるようにすること。この角度が広すぎると（45°程度)、大腿筋膜張筋ではなく、中臀筋のストレッチになる。

セルフマッサージ

ストレッチポール（ない場合は、食品用ラップフィルムの芯やサッカーボールなどでも代用可）の上に骨盤の横を乗せて、両手両足を床に着いてバランスをとる。30秒程度、ポールをスライドさせる。もう一方の脚も同様に行う。マッサージをしてからストレッチをすると、伸ばしやすくなる。

アレンジ

体が硬い人向け

イスに浅く座り、両脚を交差させて、前側の脚の太ももの上に反対側の手を置き、もう一方の手はイスの座面を持つ。上体をゆっくり倒し、後ろ側の脚の足部の外側を床に着けて、脚を伸ばす。この姿勢を30秒キープする。もう一方の脚も同様に行う。

膝の外側の痛み

鵞《が》足《そく》炎《えん》

1 仰向けになり、片方の脚は膝を立てて床に足裏を着け、もう一方の脚は真っすぐ伸ばす。

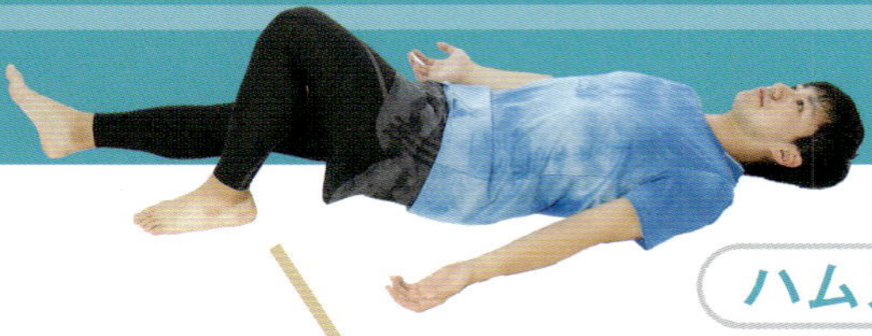

ハムストリングスのストレッチ

2 **息を吐きながら片脚を上方に上げる**

曲げた方の脚の太ももを両手で持ち、息を吐きながら上方に向けて脚を上げる。震えや痛みが出ない位置で30秒キープする。もう一方の脚も同様に行う。

※膝は完全に伸ばさなくてもよい。

30秒キープ
左右

アレンジ

さらに伸ばしたい人向け

腰からお尻の下にクッションを重ねて置き、仰向けに。両手で足首付近を持ち、息を吐きながら手前に引き寄せ、30秒キープする。

NG

上体が浮かび上がると伸びない。背中をしっかりと床に着けること。

内転筋群のストレッチ

1

背すじを伸ばし骨盤を立たせて、足裏を合わせて座る。

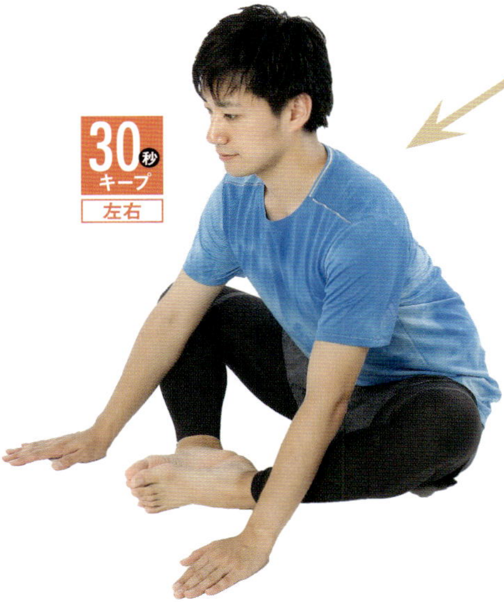

30秒キープ
左右

2 上体を前方に倒していく

息を吐きながら、上体をゆっくりと前方に倒していく。呼吸を止めずに、この姿勢を30秒キープする。

アレンジ

体が硬い人向け

イスに座り、片方の太ももの上に両手を置き、息を吐きながら上体をゆっくり倒していき、もう一方の脚を外側に向けて伸ばす。この姿勢を30秒キープする。もう一方の脚も同様に行う。

NG

背中が丸まっていると、内転筋群が伸びにくい。

膝《しつ》蓋《がい》靭《じん》帯《たい》炎《えん》

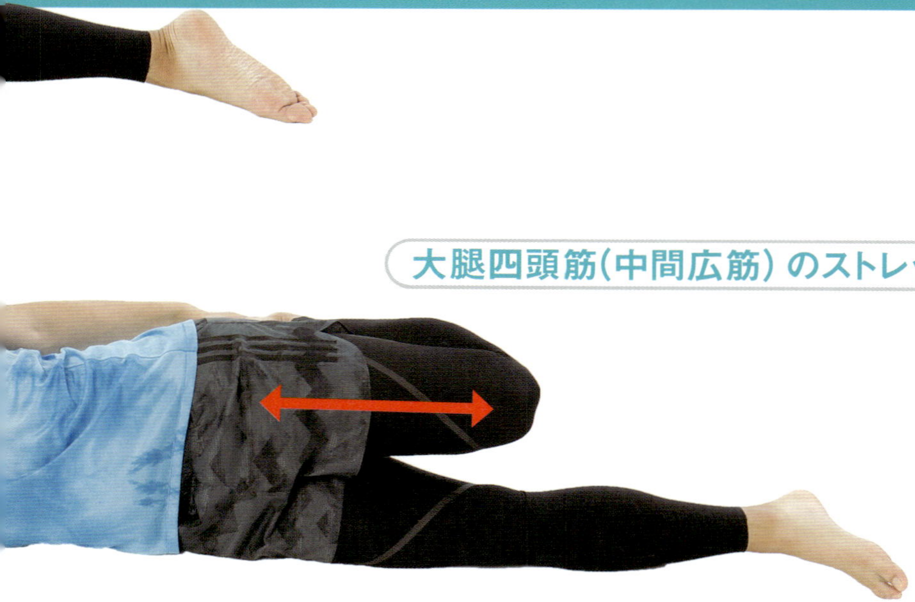

大腿四頭筋(中間広筋)のストレッチ

アレンジ

外側へ

足の甲を外側に向けて引き寄せてキープする。大腿四頭筋の外側広筋のストレッチになる。

真っすぐ

お尻に向けて真っすぐ引き寄せてキープする。大腿四頭筋の大腿直筋のストレッチになる。

内側へ

足の甲を持つ手を変えて、内側に向けて引き寄せてキープする。大腿四頭筋の内側広筋のストレッチになる。

大腿四頭筋(大腿直筋・内側広筋・外側広筋)のストレッチ

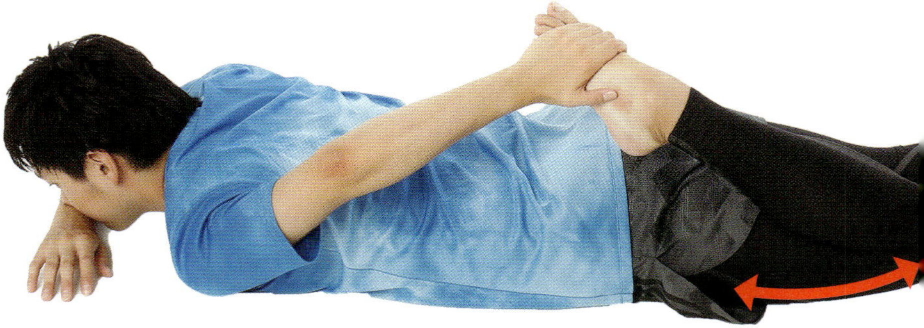

30秒キープ
左右

うつ伏せになり かかとをお尻に引き寄せる

うつ伏せになり、一方の脚の膝を曲げて、同じ側の手で足部を持ち、息を吐きながらかかとをお尻の方に引き寄せる。この姿勢を30秒キープする。もう一方の脚も同様に行う。

30秒キープ
左右

横向きに寝て かかとをお尻に引き寄せる

床に横向きになり、下側の腕と脚は真っすぐ伸ばす。上側の脚の膝を後ろに曲げて同じ側の手で足の甲をつかむ。

息を吐きながらかかとをお尻の方に引き寄せる。この姿勢を30秒キープする。もう一方の脚も同様に行う。

シンスプリント

前脛骨筋のストレッチ

1 直立した姿勢から、片方の脚を後方に下げて、つま先を床に着ける。

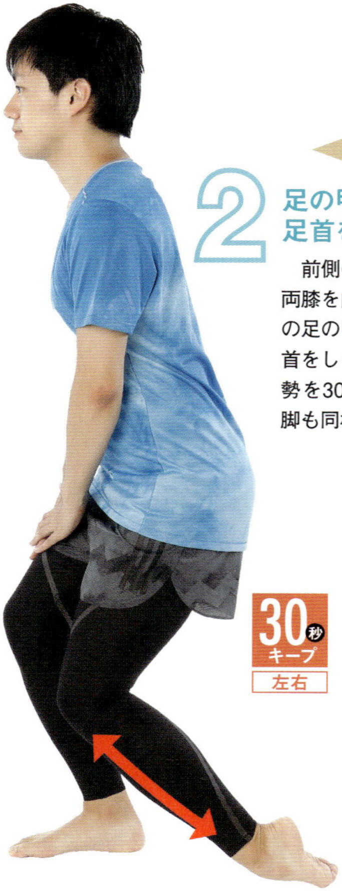

2 足の甲を床に着け足首をしっかりと伸ばす

前側の脚の太ももに両手を添えて、両膝を曲げて体重を乗せる。後ろ側の足の甲が床に着くようにして、足首をしっかり伸ばしていく。この姿勢を30秒キープする。もう一方の脚も同様に行う。

30秒キープ
左右

アレンジ

膝に違和感がない人向け

正座をし、片方の脚の膝を同じ側の手でつかみ、軽く持ち上げる。この姿勢を30秒キープする。もう一方の脚も同様に行う。

後脛骨筋のストレッチ

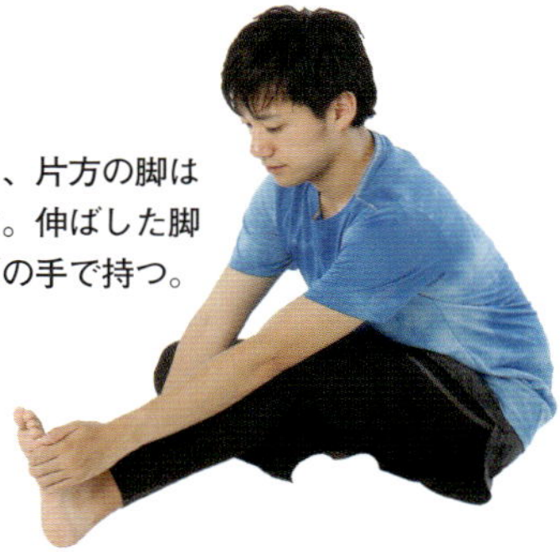

1
あぐらをかいて座り、片方の脚は膝を軽く曲げて伸ばす。伸ばした脚の足部の外側を同じ側の手で持つ。

30秒キープ
左右

2 足部の外側を手前に引っ張る

伸ばした脚のかかとを床に着けたまま、足部の外側を手前に引っ張る。この姿勢を30秒キープする。もう一方の脚も同様に行う。

クローズアップ

1

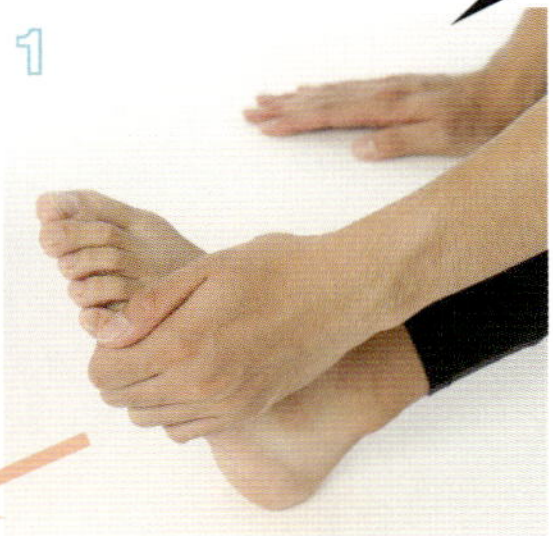

2

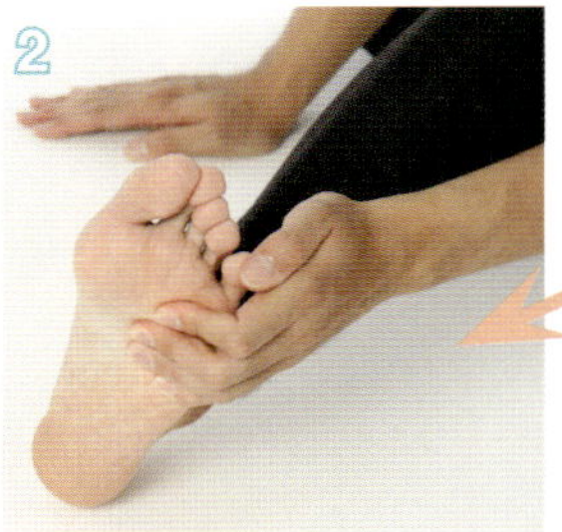

足首を甲の方に向けて曲げる。

足首の後ろの痛み

アキレス腱《けん》炎《えん》

ヒラメ筋のストレッチ

1 正座した状態から、片方の脚の膝を立てる。このとき、足裏はしっかりと床に着ける。

30秒キープ
左右

2 上体を倒していき
曲げた脚に体重を乗せていく

片膝を立てた方のかかとが床から離れないようにしつつ、両手を体の前に着き、背すじを伸ばしたまま上体を前に倒し、体重を乗せていく。

胸で太ももを押しながら30秒キープする。もう一方の脚も同様に行う。

NG

かかとが浮くと、ヒラメ筋をしっかりと伸ばせない。

腓腹筋のストレッチ

1 かかとを床に着けてつま先は正面に向ける

脚を前後に大きく開く。前側の脚の太ももに両手を添え、前の足に体重を乗せるようにして体を前傾させ、前側の膝を曲げていく。

このとき、かかとが床から離れないようにして、つま先を正面に向けて30秒キープする。

30秒キープ
左右

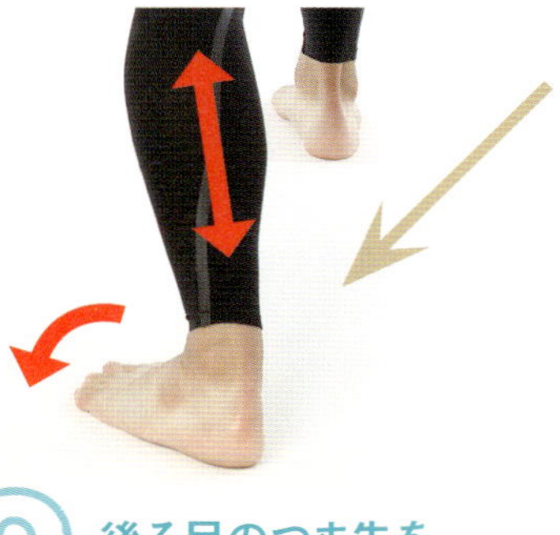

2 後ろ足のつま先を外側に向ける

1の姿勢から、後ろ側の足のつま先を外側に向けてキープする。

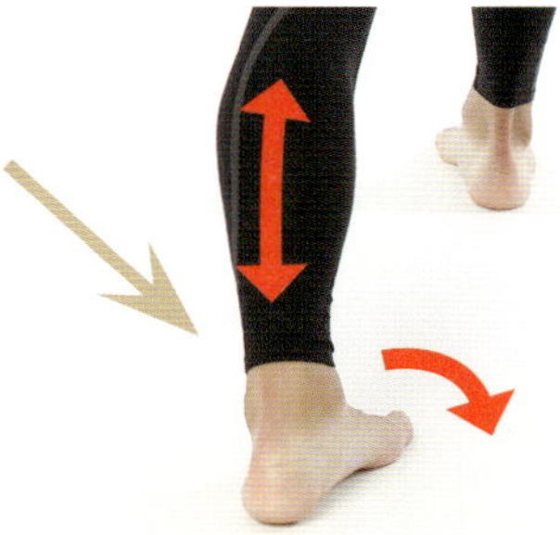

3 後ろ足のつま先を内側に向ける

1の姿勢から、後ろ側の足のつま先を内側に向けてキープする。片脚が一通り終わったら、もう一方の脚も同様に行う。

※つま先を過剰な方向に向けて伸ばし、膝などに痛みを感じた場合などは、痛みのない範囲内で行うこと。

足裏やかかとの痛み

足《そく》底《てい》筋《きん》膜《まく》炎《えん》
踵《しょう》骨《こつ》後《こう》部《ぶ》滑《かつ》液《えき》包《ほう》炎《えん》

足底筋群のストレッチ

1 正座する

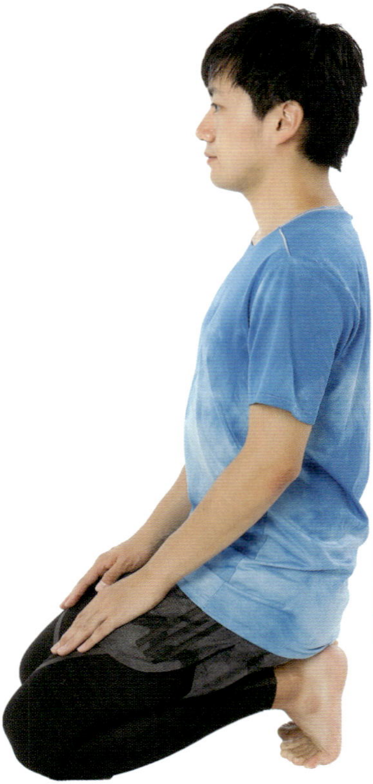

30秒キープ
左右

2 両足の指に体重をかける

両足の指をしっかりと床に着ける。かかとを真上に向け、かかとの上にお尻を乗せて体重をかける。この姿勢を30秒キープする。

アレンジ

体が硬い人向け向け

イスに向かい合って正座した状態から、座面に両手を置いて体を支え、両足の指を床に着けて、両脚を浮かせる。かかとにお尻を乗せて体重をかけて、足裏を伸ばす。この姿勢を30秒キープ。

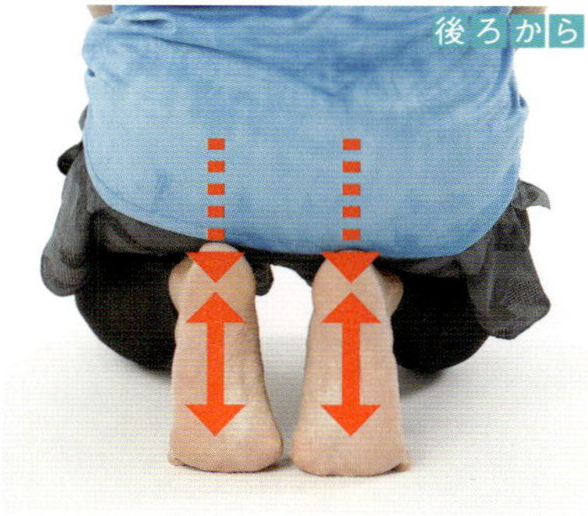

3方向に伸ばすことで、足裏全体を伸ばすことができる。

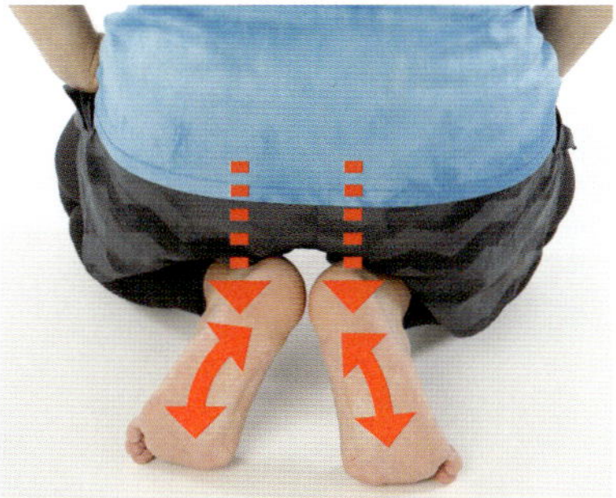

両足のかかとを内側に向けて、体重をかけてキープする。

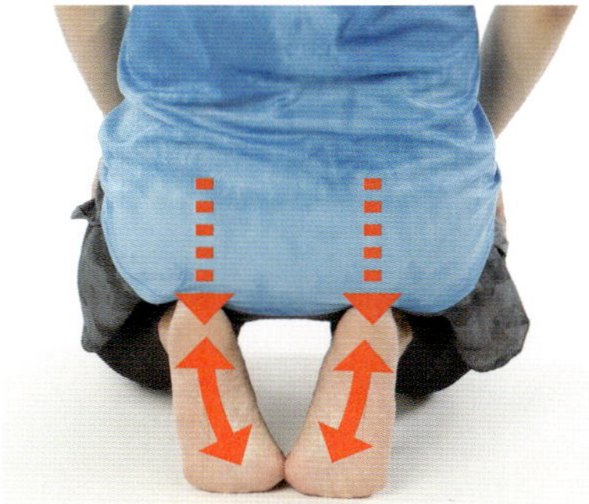

両足のかかとを外側に向けて、体重をかけてキープする。

PART 4

疲労回復編

静的ストレッチを見直してみよう!

運動後の筋肉は硬くなっているので、放っておくと血行不良になり、酸素や栄養素が筋肉に行き渡らず、障害の原因になってしまいます。そこで、反動を使わずにゆっくり筋肉を伸ばす「静的ストレッチ」が有効です。運動後に静的ストレッチをすることで、疲労回復が促されます。ただし、“痛い”と感じるほど過剰な力で伸ばしてはいけません。自身の柔軟性に合わせてアレンジし、気持ちいいと思える範囲内で伸ばしましょう。また、運動後や風呂上がりなど筋温が上がった状態で行ってください。

大《だい》腿《たい》四《し》頭《とう》筋《きん》のストレッチ

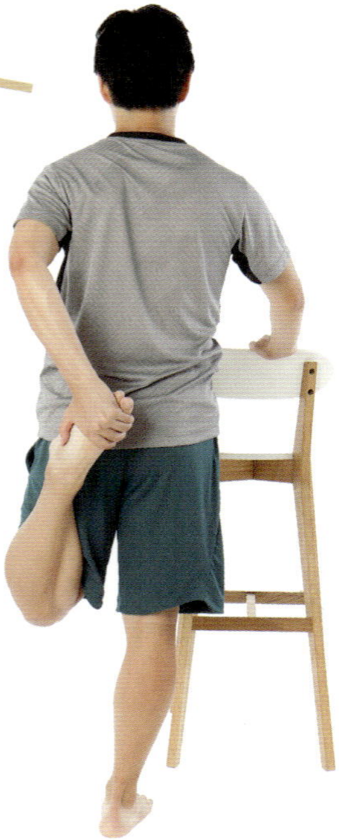

1 かかとをお尻に引き寄せる

イスの後ろに立ち、背もたれをつかんで体を支える（壁などに手を着いてもよい）。片方の足のつま先を同じ側の手で持ち、息を吐きながらかかとをお尻の方に引き寄せる。この姿勢を30秒キープする。大腿四頭筋の中央（中間広筋）が伸びるのを意識しよう。

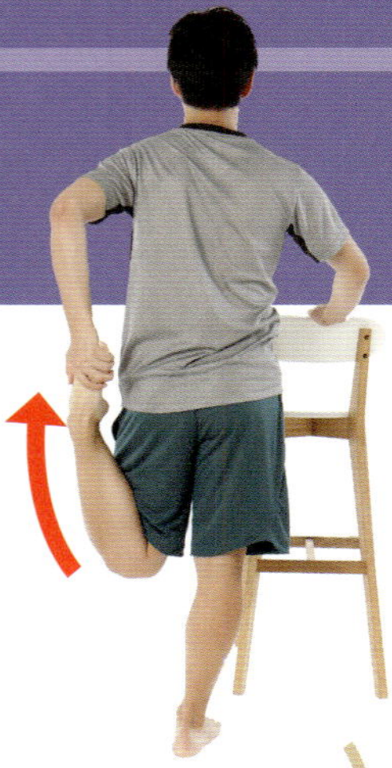

2 足部を外側に引き寄せる

1の姿勢から、足の甲を外側に向けて引き寄せてキープする。大腿四頭筋の外側（外側広筋）が伸びるのを意識しよう。

30秒 キープ

左右

3 足部を内側に引き寄せる

1の姿勢から、足の甲を持つ手を変えて、内側に向けて引き寄せてキープする。大腿四頭筋の内側（内側広筋）が伸びるのを意識しよう。片脚が一通り終わったら、もう一方の脚も同様に行う。

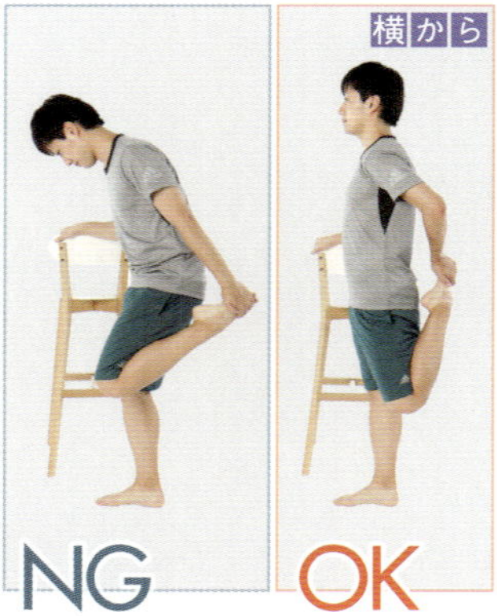

アレンジ

さらに伸ばしたい人向け

30秒キープ
左右

うつ伏せに寝た姿勢から、片方の脚の膝を曲げて、逆側の手でその足の甲をつかむ。腰付近を捻るようにして伸ばす。この姿勢を30秒キープする。もう一方の脚も同様に行う。

セルフマッサージ

30秒

うつ伏せに寝て、両脚の太ももの下にストレッチポールを置く。両腕を床に着いてバランスをとり、腕を起点とし、体とポールを動かして、大腿四頭筋をマッサージする。マッサージしてからストレッチを行うと、より伸ばしやすい。

腸《ちょう》腰《よう》筋《きん》のストレッチ

1 イスの座面に片方の脚の下腿（膝から下）を乗せる。もう一方の脚は足裏を床にしっかり着け、上体は背すじを伸ばす。

30秒キープ
左右

2 体重を前に移す

片手をお尻に置き、体重を前脚に移動させながら上体を軽く反る。

NG

腰を沈める際に、腰が反り過ぎると、腰部に過度な負荷がかかる上に、ストレッチの効果も小さくなる。

背中が丸まっていると、うまく伸びない。

応用

1

イスの座面に片方の脚の下腿を乗せ、もう一方の脚は足裏を床にしっかり着ける。上体は背すじを伸ばし、座面に乗せた脚と同じ側の腕を真上に上げる。

2 伸ばした腕の逆側に上体を捻る

息を吐きながら、伸ばした腕の逆側に上体を捻って倒していく。この姿勢を30秒キープする。逆側も同様に行う。

30秒キープ
左右

中《ちゅう》臀《でん》筋《きん》のストレッチ

1

横向きに寝て、上側の脚の膝を曲げて下側の脚をまたぎ、膝の前辺りの床に足裏を着ける。両腕を床に着けて体を支える。

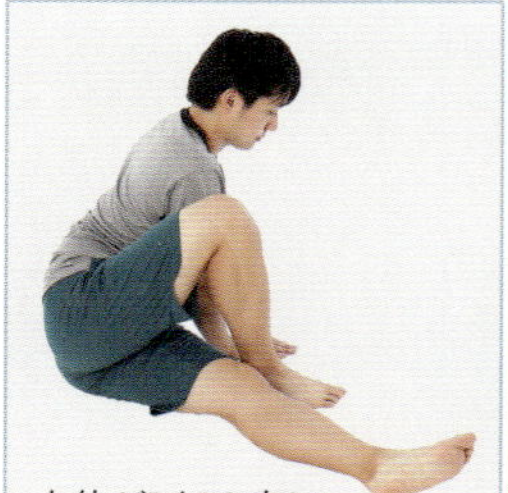

上体が"く"の字にならないように、真っすぐに伸ばす。

NG

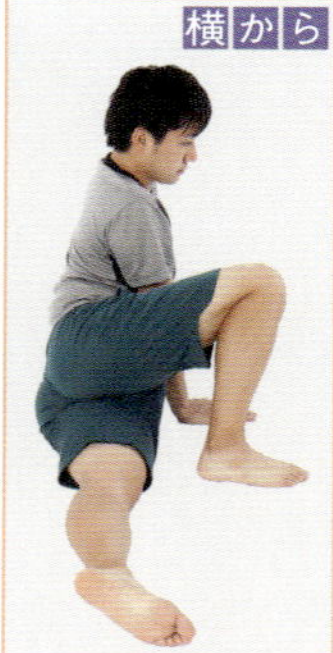

OK

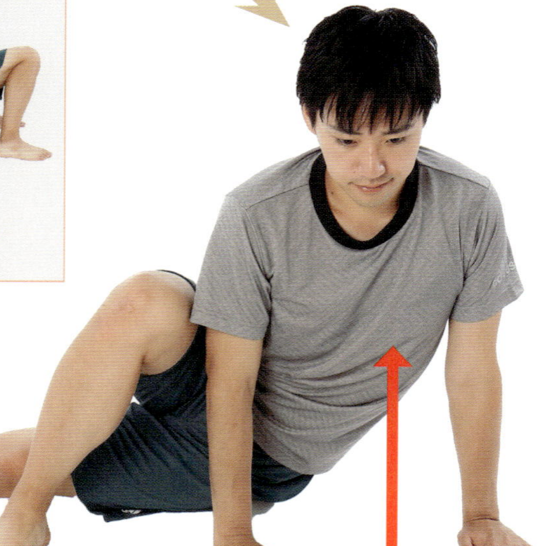

2 上体を起こしていく

1の姿勢から、息を吐きながらゆっくり上体を起こす。この姿勢を30秒キープする。もう一方の脚も同様に行う。

30秒キープ
左右

アレンジ

体が硬い人向け

仰向けになり、片方の脚は真っすぐ伸ばし、足部の外側を壁などに着けて固定する。もう一方の脚は膝を曲げて、伸ばした方の脚をまたいで、足裏を床に着ける。この姿勢を30秒キープする。もう一方の脚も同様に行う。

30秒キープ
左右

クローズアップ

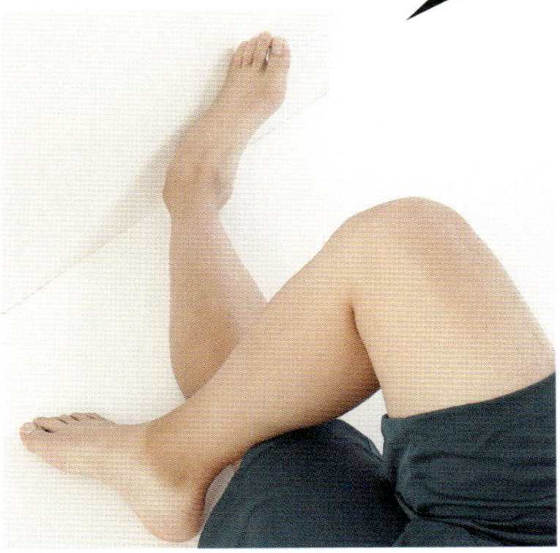

梨《り》状《じょう》筋《きん》のストレッチ

1 イスの横に立ち、イスに近い方の脚は膝を立てて、イスの座面に足裏を着ける。

2 イスに置いた方の脚を前方に倒す

息を吐きながら、イスの座面に乗せた方の脚を、股関節を閉じるようにして前方に倒す。

この姿勢を30秒キープする。もう一方の脚も同様に行う。

30秒キープ
左右

NG

股関節が開いたままだと、梨状筋は伸びない。

アレンジ

さらに伸ばしたい人向け

30秒キープ

左右

あぐらをかくように座った状態から、片方の脚を足裏が外側を向くようにして膝を折りたたむ。もう一方の脚の足首を、逆側の脚の膝付近に乗せる。

両手は体の後ろに着き、体を支える。上側の脚で体重をかけて、伸び感が得られる位置でキープする。もう一方の脚も同様に行う。

応用

さらに、より伸ばしたい人向け

30秒キープ

左右

1　脚を伸ばして座り、股関節を開き、片側の脚は膝を立てて足裏を床に着ける。両手は体の後ろに着き、体を支える。

2　曲げた方の脚を内側に倒していく

息を吐きながら、曲げた方の脚を内側にゆっくり倒していく。この姿勢を30秒キープする。もう一方の脚も同様に行う。

大《だい》臀《でん》筋《きん》のストレッチ

1 あぐらをかくような姿勢から、片方の脚を後方に伸ばす（膝を曲げてもよい）。両手を床に着いて体を支える。背すじを伸ばし、腰を沈める。

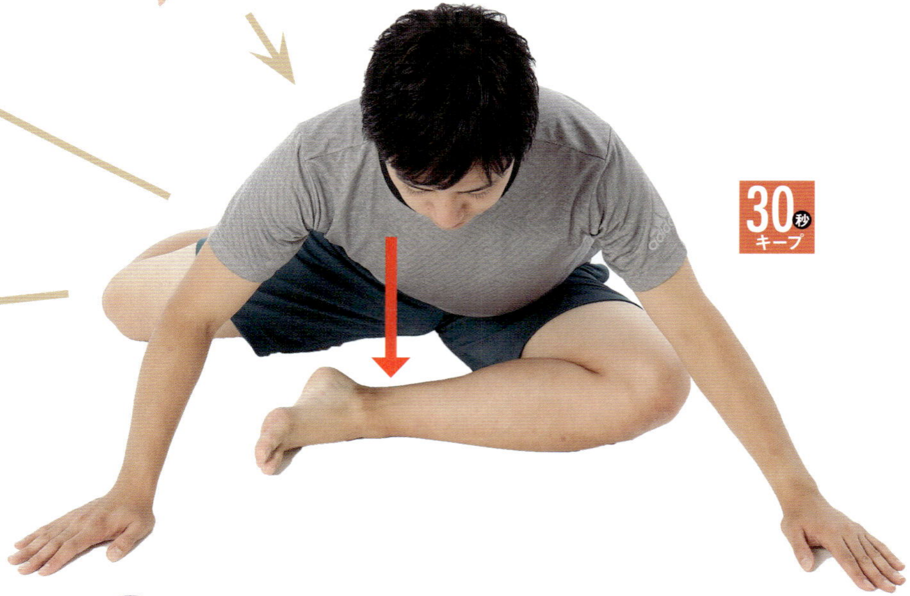

30秒キープ

2 上体を前に倒していく

息を吐きながら、上体をゆっくり前に倒す。この姿勢を30秒キープする。

NG

背中が丸まっていると、大臀筋が伸びにくい。

3 1の姿勢から、息を吐きながら、前側の脚の方に向けて上体をゆっくり倒す。この姿勢をキープする。

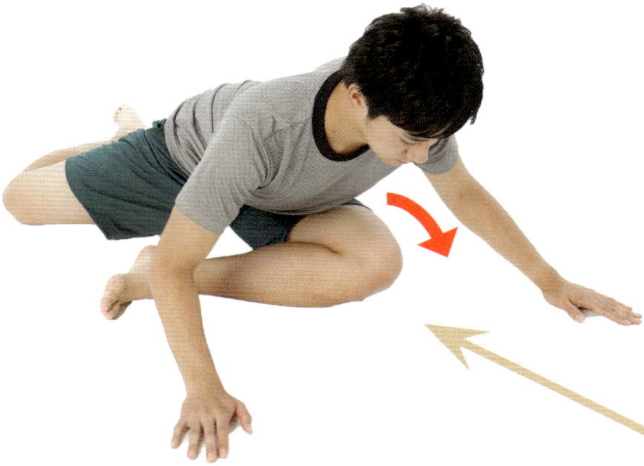

4 1の姿勢から、息を吐きながら、3とは逆側に向けて上体をゆっくり倒す。この姿勢をキープする。一通り終わったら、逆側も同様に行う。

アレンジ

体が硬い人向け

イスに座り、片方の脚の足首付近をもう一方の脚の膝の上付近に乗せる。背すじを伸ばし、息を吐きながら、上体をゆっくり前に倒す。この姿勢を30秒キープする。

さらに伸ばしたい人向け

体が硬い人は、前側の脚の下にクッションを置いて行うと、さらに伸びる。

ハムストリングスのストレッチ

1　腰幅に開いてイスの後ろに立ち、背もたれを両手で持つ。

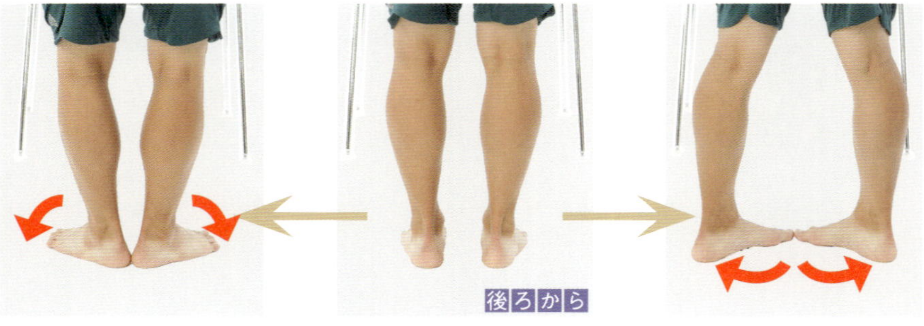

つま先を開く

両足のかかとを付け、つま先を開いて、2の姿勢をキープする。

かかとを開く

両足のつま先を付け、かかとを開いて、2の姿勢をキープする。

30秒キープ
左右

2 背すじを伸ばしたまま上体を倒していく

背すじを伸ばし、息を吐きながら、床と平行になるくらいまで、股関節から上体を倒す。

このとき、膝はしっかり伸ばし、つま先は正面を向け、足裏を地面に着ける。この姿勢を30秒キープする。

アレンジ

体が硬い人向け

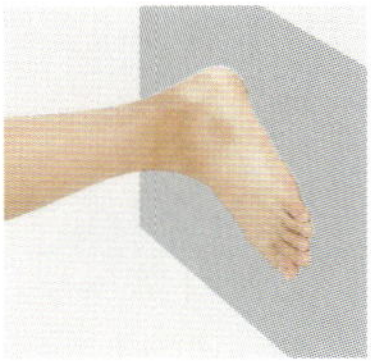

1の姿勢のまま、つま先を斜め下に向ける。この姿勢をキープする。

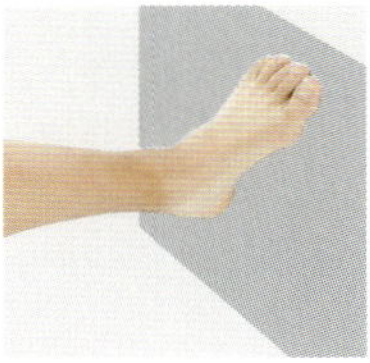

1の姿勢のまま、つま先を斜め上に向ける。この姿勢をキープする。片脚が一通り終わったら、もう一方の脚も同様に行う。

壁に対して45°の角度で向き合い、横向きに寝る。上側の手を床に着き、上体を支える。上側の脚を伸ばし、足裏を壁に着ける。つま先は真っすぐ正面に向ける。この姿勢を30秒キープする。

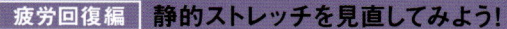

前《ぜん》脛《けい》骨《こつ》筋《きん》のストレッチ

1 足の甲から脛の下にクッションを置き、正座する。

NG

背中が床に着くほど、体重を後ろにかけると、腰や膝への負担が大きくなるので、写真のような動作は絶対にNG。

2 上体を後方に倒し両脚の脛に体重をかける

両手を後方の床に着いて体を支える。息を吐きながら、ゆっくり上体を後方に倒し、両脚の脛に体重をかける。この姿勢を30秒キープする。

30秒キープ

アレンジ

伸ばしやすい方を選択

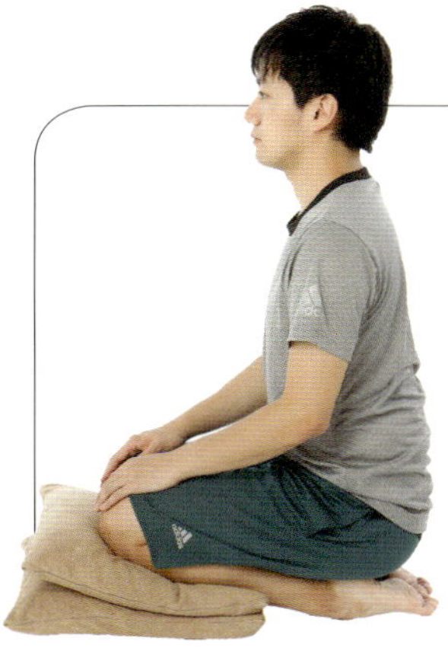

クッションを膝の下に置いて、同様の動作を行ってもかまわない。クッションの位置によって伸び感が異なるので、伸ばしやすい位置を選ぶ。

足《そく》底《てい》筋《きん》群《ぐん》 のストレッチ

1　両脚を前後に開き、後ろ側の足でタオルの端を抑える。前側の足はタオルの真ん中ぐらいに置く。もう一方のタオルの端は両手で持つ。

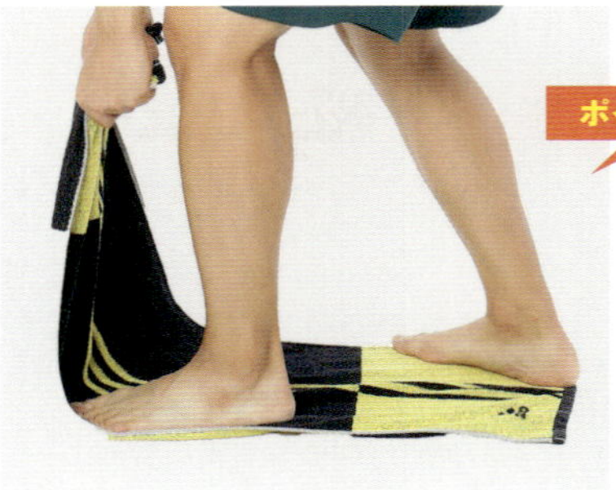

ポイント

後ろ側の足でタオルを踏んで、しっかりと固定する。

2 膝を伸ばして タオルを引き上げる

前側の足のかかとを軸にして、前側の脚の膝を伸ばし、足裏から指の裏にかけてしっかり伸びるように、タオルを引き上げる。この姿勢を30秒キープする。もう一方の脚も同様に行う。

30秒キープ
左右

クローズアップ

前側の脚の膝を伸ばすことで、腓腹筋と足底筋群とを同時に伸ばすことができる。

（※前側の脚の膝を曲げて行っても、足底筋群は伸びるが、この場合、腓腹筋までは伸びない）

PART
5

レース前の準備編

レース前にやるべきこと

レースが近づくにつれ、緊張を抱えたり、不安になったりする人も多いはず。直前になって“あれもしなきゃ、これもしなきゃ……”と急に焦る人も出てきます。練習を満足にこなせなかった人ほどそうかもしれません。ですが、今さらジタバタしたところで、急に走力がアップすることはありません。レース当日を万全なコンディションで迎えることを優先させるべきでしょう。そこで、レースの準備として“やるべきこと”、“やってはいけない”ことを挙げてみました。

レース　1ヵ月前

高強度の練習はレース1ヵ月前まで

　レースが近づくと、急に練習量を増やしたり、練習の質を上げたりする人もいますが、強度の高い練習を行うことができるのは、レースの1ヵ月前がギリギリのリミットと考えましょう。高強度の練習をすれば疲労度も増します。また、仮に1ヵ月前までに脚を痛めたとしても、残り1ヵ月間を安静に過ごせば、レースまでに回復させられる見込みはあります。それまでにきっちり練習が積めているのであれば、培ってきた筋力や心肺機能は簡単に衰えるものではありません。また、練習不足の人であれば、直前になって焦って走りだしたところで、脚作りができていないのですからケガのリスクが高くなるだけです。レース1ヵ月前からは準備期とし、コンディションを整えることに注力しましょう。

　まずやるべきことは、これまで以上にケアをしっかりと行うこと。練習前のウォーミングアップや練習後の静的ストレッチはもちろんですが、違和感や痛みのある箇所は、走ったあとにアイシングを必ず行いましょう。氷が用意できない場合は、ケーキを買ったときに付いてくる保冷剤を活用してもよいでしょう。冷たさがちょうどアイシングの目安となる20分間程度持続するので活用できます。

休養も重要なトレーニングです。特に冬場は免疫力が低下すると、風邪を引くなど体調を崩すので、疲労回復に気を使ってください。

また、これまでの練習の進捗具合によって目標を設定、あるいは修正しましょう。その上で、それほど長い距離でなくてもいいので、レースペースの確認を行いましょう。レースの2週間前までであれば、ハーフマラソンや10kmのレースに出場し、実際にマラソンのペースで走り、感覚を養うのもいいでしょう。もちろんレース後は、ケアをお忘れなく！

レース 1週間前～前日

新しいことはしない
前日は食事や飲み物にも注意

レース1週間前からは何か新しいことを取り入れても、デメリットの方が大きいので、これまで通りを心掛けることをお勧めします。前ページにも書きましたが、ペース感覚の確認は、1～3㎞程度の距離でもいいので、引き続き行って、レースペースを体に覚え込ませましょう。

気を付けるべきは食事面です。レース直前にカーボローディング（※走るためのエネルギー源となるグリコーゲンを筋肉中に蓄えるための食事法）をする人もいますが、直前になって筋肉に蓄える〝筋グリコーゲン〟の貯蔵量を増やそうと思っても限界があります。本来であれば、長期間をかけて貯蔵タンクを大きくしなければなりません。レース直前は、普段の食事よりも、炭水化物を多めにとる程度でいいでしょう。

前日の夕食にも注意を。脂質が多い肉料理などは消化に4時間以上かかるといわれています。特に寝る前にとると、胃が消化しようと働くために、質のよい睡眠がとれません。就寝と夕食の時間をなるべく離すか、脂質が少なく、消化のいい食事をとるようにしましょう。

また、トイレに行きたくなるという人はレース前日からは24時間かけてカフェインを断ちましょう。カフェインは利尿作用があるので、水分を体外に排出してしまいます。また、カフェインを摂取すると眠気を防いだり、一時的に集中力を高めてくれたりする一方で、脈拍数も上がります。不整脈がある人や脈が速くなりやすい人は注意しましょう。コーヒーや紅茶、緑茶などを控えて、お茶を飲みたい場合はカフェインを含まない麦茶やハーブティーなどにしましょう。

レース 当日

食事はスタート4時間前までに過緊張を取り除くのも大事

レース当日は、スタートの4時間前までに食事をとりましょう。スタート時に、お腹がいっぱいでもなければ、空腹でもない状態であるのが理想です。朝からたくさん食べられないという場合は、1〜2時間前まで消化のよいものを少しずつ口にするのがいいでしょう。胃への負担が小さいゼリー飲料などを活用するのもお勧めです。また、走ると脇腹が痛くなる人は、脂肪分と植物繊維が多いものをなるべく控えましょう。脱水症状対策のために、スタート時刻までこまめに水分をとることも忘れずに行ってください。

レースの直前にはウォーミングアップとして、この本でも紹介している動的ストレッチに取り組んでください。筋肉の温度を上げておくことで、走り出しもスムーズになります。

スタートが近づくにつれて、否が応でも緊張感が高まるものです。適度な緊張感は高パフォーマンスに必要ですが、過度な緊張は判断を狂わせ、前半のオーバーペースなど失敗レースにつながってしまいます。心拍計が付いたスポーツウォッチを持っている人は、スタート直前に心拍数を測ってみましょう。ウォーミングアップを終えて、スタートラインに立つ頃には安静時の心拍数に戻っているはずですが、普段よりも大幅に上がっている場合は注意してください。スタート前から心拍数が高いのは過緊張の現れですし、グリコーゲンも消費されて失敗レースに終わる恐れもあります。深呼吸をしてリラックスしましょう。

また、筋弛緩法もお勧め。筋弛緩法は6～7割の力で筋肉を一度緊張させてから、力を抜くことで体をリラックスさせるというもの。ゆったりと大きく呼吸をしながら、肩をすくめるようにして力を入れて、一気に肩を落として脱力します。これを繰り返すだけでだいぶ落ち着くはずです。試してみてください。

レース後 次のレースに向けた準備として

レース直後の長風呂は厳禁！筋損傷の回復にアイシングを

10月〜翌3月までのレースシーズンは、全国各地で数多くのフルマラソンが開催されます。一般ランナーの皆さんには、シーズン中に何レースも出場するという人もいるでしょう。次戦に向けた準備という観点からも、（もちろん次のレースの予定がない場合もですが）レース後のケアはとても大切です。

マラソンを走った直後は、ゆったり湯船につかりたいという人が多いと思いますが、実はこれが厳禁。5㎞や10㎞までの短い距離であればかまいませんが、42・195㎞もの距離を走った直後は、特に痛みを感じていない場合でも筋線維が炎症していたり、毛細血管が破れ小規模な内出血が起きたりしています。つまりは、急性のスポーツ障害が起きているので、長湯をすると患部が温められて細胞液や血液の流出が増え、炎症が余計にひどくなり、回復が遅れてしまいます。また、ストレッチも損傷している筋肉を強引に引き伸ばすので、控えたほうがいいでしょう。マラソンを走った後の筋損傷は48～72時間ほどで回復するので、レース後はシャワーで汗を流す程度に留め、ストレッチは2～3日後から再開しましょう。

レース後に推奨したいのはアイシングです。水風呂や冷水シャワーで下半身を中心に冷やし、その後、痛みや熱がある箇所をアイスバッグや保冷剤などを使って、痛みや熱が軽くなるまで2時間おきに20分ずつ冷やしましょう。

また、毎週のようにレースに出場する人もいますが、できれば最低でも3週間は休養期間を設けてほしいものです。その間はストレッチなどのケアを中心に。ランニングは強度を落として、軽いジョグや5㎞程度のペース走に留めておきましょう。練習の再開は、痛みがないのであれば、レース翌日から積極的休養としてゆっくりジョグをしてもかまいませんが、痛みや違和感がある場合は3週間程度は安静にしましょう。

PART 6

ランナーの素朴な疑問に答える

ランの「伸びしろ」Q＆A

この本では、様々な観点から“見直しポイント”を紹介してきました。最後に、私が現場でよく受ける質問や、編集部に寄せられた質問にお答えします。ページ数の関係で10個ほどしか回答できませんが、ランナーの皆さんには、ご自身のことに置き換えられる質問もあると思います。参考にしていただけたら幸いです。

Q1

もう何年も自己ベストを更新できずにいます。記録は何歳ぐらいまで伸ばすことができますか？

A

走り始めた年齢、これまでのスポーツ歴、身体能力の差などによって異なるので、一概に何歳まで記録を伸ばせるか、目安となる年齢を示すことは難しいです。しかし、現実的に、いつかは肉体的な限界を迎えるときが来るということは知っておいてほしいと思います。

とはいえ、ランニングは、ケガさえしなければ何歳になっても楽しめる生涯スポーツです。それまでは「自己ベスト更新」が目標だったのが、「フルマラソン４時間切り」などと切り替えてもよいですし、スピードを出して走れなくなったのであれば、長い距離を走ることにシフトしてウルトラマラソンに挑戦するのもよいでしょう。その時々に応じた目標や楽しみ方を設定すれば、いつまでも“伸びしろ”はあります。

Q2 睡眠が大事なのはわかっていますが、レース前夜は緊張から眠れないことが多いです。どうしたらよいですか？

A

眠れなかったらどうしよう……と考え込んでしまうと、余計に眠れなくなるので、「1日くらい眠れなくてもパフォーマンスには影響はない」と自分に言い聞かせましょう。実際、私が指導しているアスリートでも、一睡もできなかったにもかかわらず、全国タイトルや世界大会でメダルをとった人がいます。

緊張で眠れないときのために、寝付きをよくするために、自律訓練法（自律神経のバランスを整えるトレーニング）や筋弛緩法（仰向けになり、両肩に6割程度の力を15秒ほど入れてから、一気に脱力する。これを2～3回繰り返す）を普段から取り入れるのもよいでしょう。また、104ページからの項目にも書いたように、前夜の食事は就寝直前にとるようなことはせず、食事内容も肉料理など脂質の多いメニューを避けましょう。

Q3

日常的にエナジードリンクを飲んでいます。レース時にパフォーマンスへの影響はあるのでしょうか？

A

プラセボ効果でメンタル面での安心材料になるのであれば、全く意味がないとは言い切れません。また、糖分が多く含まれているので、エネルギーにもなるとは思います。……ですが、エネルギー補充が目的であれば、おにぎりなどの食品でもかまわないでしょう。エナジードリンクは、マスキング効果で疲労を感じさせなくさせるだけなので、決して疲労が取り除かれているわけではありません。

また、多量のカフェインも含まれているため利尿作用がありますし、脈拍数も上がります。トレーナーの立場からはあまりお勧めできません。常飲しているのであれば、頼りたくなる気持ちもわかりますが、ここが“伸びしろ”の見直しポイントとなるかもしれません。

Q4 順調に練習をこなしてきましたが、調整期に入っても疲労がとれません。

A

貧血の疑いがあります。貧血の問題は、９月ぐらいに現れることが多いようです。夏にしっかり走り込んだ人は特に気を付けなければなりません。夏は発汗が多いので、汗とともに鉄分が流れ出てしまいますし、足裏が衝撃を受けて赤血球が破裂したり、消化器官から出血したりすることが原因で、貧血のリスクも高まります。

貧血というと女性に多いイメージがありますが、実は男性にも多くいます。慢性疲労の状態に似ていて、疲れがずっと残っている、スピードが上がらないなどと感じる場合、また、食欲不振や下痢などの症状がある人は必ず血液検査を受けてください。貧血の状態では練習の上積みができませんし、調子も上がってきません。早めの治療が肝心です。

Q5

ランナー仲間に比べて月間走行距離が少なく、焦ってしまいます。自己記録を樹立したときよりは増えているのですが、まだ足りないのでしょうか？

A

その気持ちは痛いほどよくわかります。自己ベストを出すためには、これまでよりも走らなければ……という気持ちに駆られてしまいますから。ですが、距離を走るほど、疲労も蓄積されていることを自覚してください。もしかしたら、今のままでも十分どころか、走り過ぎの可能性もあります。体重の急激な低下や、安静時の心拍数に変化はありませんか？　一般ランナーでもオーバートレーニングに陥る危険性はあるので、気を付けてください。

また、走り過ぎはランニング障害のリスクも高まります。月間走行距離にはあまりとらわれないようにしましょう。むしろ、走る距離を減らしてみるのも手かもしれません。走る量を減らす分、PART ２で紹介しているトレーニングを取り入れてみてください。

Q6 いくら走っても体重が落ちません。効率よく体重を落とす走り方はありますか？

A

ランニングを始めたからといって、すぐに体重が落ちるわけではありません。食事がおいしく感じ、むしろ増量する方もいるくらいです。

もしかしたら、普段のランニングのペースが速いのかもしれません。減量は、脂肪を落して、筋肉を落とさないのが理想ですが、脂肪を燃焼させてランニング時のエネルギーとするには、トレーニングの強度が低い方がいいのです。脂肪よりも糖質の方が素早くエネルギーに換わるので、強度が高い運動ほど糖質がエネルギーに使われます。

一方、脂肪は、筋肉の中のミトコンドリアという微小器官で運動エネルギーに変換されますが、この過程を活性化することで、脂肪が燃えやすい体になります。20 ～ 30㎞のLSDなど低強度のランニングを週に1回取り入れてみてください。

Q7

マラソンシーズンが一区切りし、再スタートを切る時期に、やるべきことはどんなことですか？

A

まずは自分の弱点を知ることです。1年を通して、痛みや違和感が出た箇所、または、出やすい箇所はありませんでしたか？そういった部位があれば、本誌のPART 3を参考にして、静的ストレッチなどケアをしっかりと行いましょう。現在進行形でトラブルを抱えている場合は、シーズンオフ期に治療を済ませてください。

また、シューズなどギアの見直しも行ないましょう。特にシューズは靴底のチェックを必ずしてください。見た目はきれいでも、かなりすり減っている場合もあります。また、靴裏のすり減っている箇所を参考に、接地など自分の癖を把握しましょう。

前年度のレースの反省も大事です。何がよくて、何が悪かったかを見極め、新シーズンの練習計画、レースプランを立てましょう。

Q8

マラソンのレースでは、いつも終盤に失速してしまいます。最適なペースを知るにはどうしたらよいですか？

A

どの程度失速しているかにもよりますが、目標タイムに見合った脚作りができていないのかもしれません。30km過ぎにペースが落ちてしまうのは、ある程度は仕方ないことだと思います。ですが、1kmあたり1分以上ペースダウンする場合は、目標タイムの見直しが必要でしょう。1kmあたり5秒落とすだけでもかなり体感は変わるので、ペースを落として30km走を行い、自分の適性ペースを探ってみてください。心拍計の機能が付いたウォッチを使って、心拍数を基準にするのもよいでしょう。

おおまかな計算式ですが、「220−自分の年齢」を最大心拍数とし、その70%でハーフマラソン〜30kmを走り切れれば、マラソンでもそのペースで完走を目指せるはずです。

Q9

脱水症状に陥りやすく悩んでいます。対策としてどんなことをすればよいでしょうか？

A

夏ばかりでなく、脱水のリスクは１年中あります。暑さを感じていなくても、水分補給は十分に行ないましょう。何を飲むべきかは当然、水よりもスポーツドリンクがお勧め。電解質を含んだスポーツドリンクは、体内に吸収されやすいからです。補給のタイミングも大事。喉が渇いたなと感じたときには遅いくらいで、喉が乾く前に、“早め、こまめ”を心がけましょう。

練習でも、走る前にコップ１杯程度の水分をとり、それ以降は10～15分おきに200ml程度補いましょう。脱水症状は、血流が滞って血圧が低下し、めまいや集中力の低下、痙攣といった症状が起こります。さっきまで元気でも、突然、脱水症状に見舞われることがあります。体は暑いと感じていても手が冷たい、尿の色が濃いといった場合、脱水のサインなので気を付けてください。

Q10

先輩ランナーのメニューを参考に練習を組み立てていますが、いきなり自己ベストを出して以降は、タイムが頭打ちです。

A

他人の成功例が必ずしもあなたに合っているとは限りません。当然のことですが、体の作りは一人ひとり全く異なりますし、性別や年齢、遺伝、それまでの運動経験、さらには生活スタイルが違えば、同じトレーニングを行なったとしても、その成果は人によって異なるのです。トレーニングには個別性の原則があり、万能なトレーニンングなどはありえません。ストレッチにしても、人によって各部位を伸ばしやすいメニュー、伸ばしにくいメニューがあるでしょう。だからこそ、そこに見直しのポイント、つまり伸びしろがあります。

フィジカルトレーナーとして、読者のみなさんに個別にアドバイスを贈ることができないもどかしさがありますが、自分の体を知り、この本を参考にして、自分自身に合ったトレーニング方法やケアなどを見つけていただければ幸いです。

伸びろINDEX

あ

か

さ

生涯ランニングを楽しみたいなら
普段からのケアやトレーニングを大切に

皆さんはなぜ走っているのでしょうか？

「チャレンジし続けたいから」

「健康や体力の維持向上も目指したい」

どんな目的であれ、走ること自体が好きなことに変わりはないはずです。

では、走ることが嫌いになってしまう要因は何でしょうか？

それは、

「モチベーションを維持できなくなった」

「走ること自体がストレスに感じるようになった」

「身体的な変化や成果を感じなくなった」

きっとそんなところでしょうか。

私のクライアントにこんな方がいました。走りたいけど、走れない。理由は膝の横が痛くなるから。

そんなたったひとつのケガや故障が原因で走れなくなってしまう場合が多々あります。それを予防・軽減するのが、普段からのケアやトレーニングです。ケアやトレーニングはトップの選手だけが行うものでは決してありません。いえ、むしろ生涯ランニングを楽しみたいという方にとっては、選手よりも現役期間が長くなる訳ですから、選手以上に意識をしなければならないことであると言えます。

私も生涯ランニングを楽しみたいと思っています。ですが徐々に、無理して走った次の日に、若い頃には感じなかったダメージを感じてしまうことが増えました。そんなときは、「昨日のケアが足りなかった……」と反省しています。

自分の身体的能力に見合った量の練習をし、日頃からケアがしっかりできていれば、まだまだ現役期間を延ばす伸びしろは出てきます。

皆さんが生涯現役で走り続けられるように、ランの伸びしろが見つかるように、本書には様々なヒントをちりばめました。悩みを解決し、また前へ進み始めるきっかけになってくれれば幸いです。

中野ジェームズ修一

【監修】

中野ジェームズ修一（なかの・じぇーむず・しゅういち）

スポーツモチベーションCLUB100最高技術責任者。PTI認定プロフェッショナルフィジカルトレーナー。米国スポーツ医学会認定 運動生理学士（ACSM/EP-C）。フィジカルを強化することで競技力向上や怪我予防、ロコモ・生活習慣病対策などを実現する「フィジカルトレーナー」の第一人者。「理論的かつ結果を出すトレーナー」として、卓球の福原愛選手やバドミントンの藤井瑞希選手など、多くのアスリートから絶大な支持を得ている。2008年の伊達公子選手現役復帰にも貢献した。2014年からは、青山学院大学駅伝チームのフィジカル強化指導も担当。早くから「モチベーション」の大切さに着目し、日本では数少ないメンタルとフィジカルの両面を指導できるトレーナーとしても活躍を続けている。自身が技術責任者を務める東京神楽坂の会員制パーソナルトレーニング施設「CLUB 100」は、「楽しく継続できる運動指導と高いホスピタリティ」が評価され活況を呈している。主な著書に『世界一伸びるストレッチ』（サンマーク出版）、『青トレ』（徳間書店）などベストセラー多数。

株式会社スポーツモチベーション　http://www.sport-motivation.com/

【著者】

佐藤基之（さとう・もとゆき）

1974年生まれ。フィジカルトレーナー、スポーツモチベーションチーフトレーナー。ブラジルサンパウロ州アルタ・アララクアレンセ体育大学卒業。個人・法人・子ども～高齢者と一般向けに幅広く指導。その傍ら中野ジェームズ修一と共に青山学院大学陸上競技部（長距離ブロック）のフィジカル強化指導をチーフトレーナーとしてサポート。書籍の構成や監修、一般向けスポーツの楽しさを伝えるイベント、指導者向け講習会なども精力的に行っている。早稲田大学エクステンションセンター、たかの友梨美容専門学校などで活躍中。

モデル協力

くらさわかずえ

（friday）

古谷有騎

（スポーツモチベーション）

カバーデザイン	山之口正和（tobufune）
カバー写真	アフロ株式会社
本文デザイン	寒水久美子
イラスト	大野文彰
写真	山本雷太
構成・文	和田悟志
DTPオペレーション	株式会社ライブ
モデル協力	くらさわかずえ（friday）
	古谷有騎（スポーツモチベーション）
ヘアメイク	石川ユウキ（スリーピース）
衣装協力	アディダス ジャパン株式会社
	TEL:0570-033-033（アディダスグループお客様窓口）
協力	株式会社スポーツモチベーション
編集協力	三谷 悠
編集	森 哲也（株式会社カンゼン）

ランの伸びしろが見つかる本
走っていない時間を見直しレースで圧倒的な結果を出す

発　行　日　　2018年11月27日 初版

監　修　者　　中野ジェームズ修一
著　　　者　　佐藤基之
発　行　人　　坪井義哉
発　行　所　　株式会社カンゼン
〒101-0021 東京都千代田区外神田2-7-1 開花ビル
TEL 03（5295）7723
FAX 03（5295）7725
http://www.kanzen.jp/
郵便為替 00150-7-130339

印刷・製本　　印刷・製本　株式会社シナノ

万一、落丁、乱丁などがありましたら、お取り替え致します。

ISBN978-4-86255-487-1
Printed in Japan

定価はカバーに表示してあります。

ご意見、ご感想に関しましては、kanso@kanzen.jpまで
Eメールにてお寄せください。お待ちしております。